K 7
10934

VOYAGE

A

LA FONTAINE DE VAUCLUSE ;

 *suivi*

D'UN ESSAI SUR PÉTRARQUE.

PAR

M. D'JCHER DE VILLEFORT.

Ce ciel, ces eaux, ces prés et leurs sites, charmans,
Plus que Pétrarque et Laure intéressent les sens.

PARIS,
Mai — 1809.

d'Iberville fort

VOYAGE
A
LA FONTAINE DE VAUCLUSE.

JE pars d'Avignon au point du jour; je me trompe de porte et tous mes pas sont autant d'erreurs. Ne tardant point à m'en appercevoir, je questionne un groupe de paysans qui se rendaient à divers travaux. Il serait trop long, me dit l'un d'eux, de regagner le grand chemin; en voilà un plus court, mais il est difficile....

Je juge qu'il ne saurait m'égarer, et que j'aurai le plaisir de suivre le bord d'une rivière qui m'était inconnu.

Me voici perché sur la crête d'une chaussée, avançant vers un pont de Méleze, objet de ma curiosité; ayant à ma gauche une plaine cultivée comme un jardin, couverte de maisons de campagne, d'arbres et de laboureurs; et à ma droite la Provence, des montagnes qui se perdent dans les nues, des rochers *décharnés*, quelques champs de gravier, des bosquets, quelques touffes de roseaux, des lignes de peupliers, des bandes de gazon et la Durance, qui, dans sa marche tortueuse et sauvage, arrache et entraîne dans sa fureur ce qui semble vouloir lui résister.

Tous ces objets étaient embellis par l'aurore ; l'horison qu'elle bordait de franges d'or et de diamans, était si radieux de l'éclat qu'elle répandait sur la nature entière, que les yeux, l'esprit et le cœur s'enyvraient d'admiration. Instant ravissant et sublime ! où avec une progression imperceptible, et céleste, tout se dessine et tout semble renaître, qui peut te voir sans être ému de reconnaissance et d'amour ?

« Mon ame, bénis le Seigneur : Seigneur, mon Dieu, que vous êtes grand dans vos œuvres ! Vous vous êtes revêtu de gloire et de beauté ; vous vous êtes environné de la lumière comme d'un manteau * ».

Dans mon ravissement, je suis si transporté par tout ce que je vois, que j'arrive au pont de la Durance sans m'en appercevoir. Qu'il est long ! il n'est que joli : j'en aime l'effet ; il est peut-être trop léger. Les troncs de Méleze qui forment ses quarante-cinq arches, sont trop minces ; ils ont pourtant conservé leur rotondité et leur force : mais cette rivière est si redoutable, si terrible, que ses ravages, quoique prévus, sont incalculables. Les voitures n'y passaient pas encore. Je suis le premier qui, à cheval, ait été jusques au bout. L'on acheve de le peindre, et si on ne l'appelle pas le Pont

* Ps. 103.

rouge, ce ne sera point faute de couleur. Il faut qu'on le nomme celui de *l'harmonie*, car le vent qui siffle avec impétuosité, dans la multiplicité des vuides de cet immense assemblage, produit des accords qui semblent imiter ceux de l'harmonica. C'est aux arches où l'eau passe, qu'on s'en apperçoit le mieux ; ce n'est point un conte.

Je regrette qu'il n'ait pas été construit du temps de la Chartreuse de Bon-Pas (1). Il eût servi de distraction et de jouissance à ces Cénobites si intéressans. Chaque jour ils auraient vu, avec un nouveau plaisir, les progrès de la veille ; et c'eût été sous des regards religieux, que l'art et le Mélese eussent uni le Comtat à la Provence.

Aujourd'hui ce monastère n'est qu'un amas de décombres, sur le sommet d'une hauteur stérile, dominant une vaste contrée. Au milieu de ces déplorables ruines, la porte de leur église est encore debout comme un arc de triomphe ; non tel que ceux des Romains, où passaient les dépouilles du monde, mais tel que ceux des vrais Chrétiens, pour qui la victoire est toujours le prix d'un sacrifice ; tel que ceux des martyrs expirant sous les voûtes écroulées du Sanctuaire....

Où les cœurs s'attendrissaient jadis, ils s'indignent de souvenir !...

L'on apperçoit, de dessus le pont, les terrasses, les jardins et quelques logemens échappés à la fureur du Vandalisme. Ils sont habités par ce *bon peuple* pour qui ils prodiguaient l'aumône et les prières.

Pourquoi donc les Philosophes ont-ils tant déclamé

contre les Moines ? Parce que les Moines étaient plus Philosophes qu'eux, qu'ils étaient riches, et qu'ils avaient consacré tous les instans de leur vie au culte de l'implacable ennemie des passions, qui, pour me servir de l'expression de la HARPE, *a conquis le monde, en condamnant le monde*; et qu'eux, au contraire, les mettent en jeu, les flattent, les favorisent, les satisfont; et toujours dans le vain espoir de remplacer par les monstrueuses idées de leur démence et de leur orgueil, les maximes sacrées de l'Evangile, liens de la société, source de bonheur, lois immuables et souveraines de l'éternité. Ils y étaient parvenus, mais, graces au ciel, *Jehovah*, d'un seul mouvement de sa paupière, a renversé leurs impudiques autels; et dès-lors, le triomphe sacrilège dont ils s'enorgueillissaient tant, n'a été qu'éphémaire. Mais hélas! pour comble de maux, n'ont-ils point conservé de *l'espérance* ?.... Oui, je crains vraiment que nous ne revoyons *ce beau tapage*, ce tapage si fameux, tant prédit par le trop coupable Voltaire! qui depuis long-temps annonçait la révolution comme immanquable. « Je n'aurai pas le plaisir d'en être le témoin, disait-il; les Français arrivent tard à tout, mais ils arrivent. La lumière s'est tellement répandue de proche en proche, qu'on éclatera à la première occasion; et alors, ce sera un beau tapage. *Les jeunes gens sont bien heureux, ils verront de belles choses* [*] ».

---

[*] Lettre à Mr. de Chauvelin, 2 Mars, 1764.

Dans cette infernale prophétie, qui, hélas ! ne s'est que trop vérifiée, on distingue toute la perfidie, toute la noirceur d'un cœur atroce, qui osait se vanter, dans l'impudence de son cinisme, de détruire, à lui seul, le Christianisme, que douze F A Q U I N S, dit-il, ont établi.

O, Dieu de Clotilde ! prends pitié de ma patrie ; écarte à jamais loin d'elle l'injustice et le forfait, et préserve-nous du génie malfaisant d'un Voltaire !

Voltaire, par des sarcasmes mordans, des indécences grossières et quelques saillies heureuses, recrutait des soldats au philosophisme, pendant que *Jean-Jacques*, cet illustre inconséquent, lui créait des généraux.

Puis-je ne pas rappeller ici, ce Poéme si fameux et trop digne de l'être, la honte des vertus et l'abus du talent ? Etant sans cesse dans les mains de la jeunesse, d'un regard le cœur et la mémoire en sont profondément souillés ; et si à l'aspect d'un Moine, on a long-temps répété ces Vers, plus long-temps encore on s'en répentira.

Le Révérend de plus en plus admire
Tous les secrets du ténébreux empire.
Il voit par-tout de grands prédicateurs,
Riches prélats, casuistes, docteurs,
Moines d'Espagne, et nonains d'Italie ;
De tous les rois il voit les confesseurs....

Je ne saurais continuer, ma main se refuse à servir ma mémoire ; mais peut-on appeller la servir, dès l'instant qu'elle devient l'instrument de sa honte ?

Voilà avec quel art et quelle perfidie le sectaire du du dernier siècle, maniait le ridicule et propageait l'irreligion. Depuis lors, elle a si fort étendu et multiplié ses racines, que bientôt le globe entier en sera entouré. Oui, la haîne de Voltaire pour les moines était tellement excessive, qu'elle faisait le tourment de sa criminelle existence. On a brûlé, s'écrie-t-il, trois Jésuites à Lisbonne ; voilà de bien consolantes nouvelles * !

Il faut convenir, pourtant, que les corps religieux étaient peut-être trop nombreux, quoiqu'ils fussent autant de mines d'or pour l'Etat, d'asyles pour l'indigence, et de refuges pour le malheur. Si les Français n'étaient pas démoralisés au point de prostituer les égards et la considération, que deviendraient tous ces êtres qui compteraient pour autant de supplices les regards de leurs concitoyens ? Que deviendraient-ils ? Ils seraient sans ressource au comble du malheur ; au lieu qu'autrefois ils eussent trouvé, dans l'austérité même de ces vertueux Cénobites, des consolations et des secours de toute espèce.... Moyens assurés de reconciliation avec le ciel et la terre.

Pie VI, dans un de ses Bref, convient que les ordres religieux avaient besoin de réforme ; mais les détruire, disait-il, c'est éteindre un flambeau dans un lieu obscur, parce qu'il n'éclaire pas bien. L'homme

---

* Correspondance de Voltaire.

sage ne l'éteint pas ; il lui donne une nouvelle vie.

Si j'étais sur le pont *du paradis perdu de Milton*, mon esprit serait-il plus porté à la morale qu'il ne l'est sur celui de la Durance ? J'en doute. Il faut pourtant continuer mon chemin, si je veux revenir ce soir chez moi.

Allons donc, mon Bucéphal, deux temps de galop, et nous sommes à Caumont.

C'est un bourg entouré d'une vieille chemise de laquelle maints paysans ont fait leur demeure. Je ne m'y suis point arrêté, pas même pour lire une antique inscription qu'on dit être dans la cour du Château. Mais c'est avec une religieuse émotion que j'ai salué la croix de Caumont, enorgueillie de trois belles fleurs de lys, qui attestent aux passans la fidélité ou le repentir de ses habitans.

Eh ! comment ne pas se prosterner où l'on retrouve le Français dans toute sa perfection ?

Si j'en crois deux enfans, je n'ai que deux lieues d'ici à Lisle. Ceux qui ont la manie des citations, et qui cherchent la plus part du temps à faire parade d'érudition, s'écrieraient ici avec un ton emphatique :

> Cet âge est innocent, son ingénuité
> N'altère point encor la simple vérité.

En effet, ces deux marmots ne m'ont pas trompé, car en moins de deux heures j'arrive dans ce séjour délicieux, dont le nom me rappelle à la fois les talens les plus distingués, les malheurs les plus grands et les vertus les plus augustes.... Oui, rien de si joli, de si varié, de si frais que les dehors de Lisle ; mais les murs de la ville sont dans un tel délabrement, qu'ils annoncent la misère et excitent la tristesse, quand tout d'ailleurs provoque la joye et les plaisirs. Et la Sorgue, qui passe à leurs pieds, qui depuis tant de siècles répand des trésors sur cette campagne, à peine si elle en murmure, quoique les habitans ne rougissent pas d'humilier ainsi leur bienfaitrice.

Ce contraste est *révoltant*, et ce qui le fait ressortir davantage, ce sont des ormes antiques, dont les rameaux touffus s'entrelacent parallelement, et forment sur les avenues de Lisle, des voûtes vacillantes de verdure impénétrables au soleil.

Arrêtons-nous un moment, il faut déjeûner, et après quoi voler à Vaucluse. Voici une auberge, entrons.

Bon jour, Mr. le Maître, avez-vous quelque chose à me donner ? — Oui, Monsieur, me répond-il ; mais je n'oserais vous proposer de passer dans ce sallon, qui est occupé par la nôce d'un Invalide, et Monsieur, sûrement, ne serait pas bien aise de se trouver avec des gens de cette sorte ; mais voici une chambre où.... Apprenez, lui dis-je, que je ne connais rien de plus intéressant qu'un Invalide. Malheur à moi, si j'étais sans considération et sans sensibilité pour ces infortunés martyrs de la patrie. Conduisez-moi, au contraire dans ce sallon ; mais, au préalable, demandez à ce militaire si ma présence ne troublera point sa Fête.

A peine avais-je achevé ces paroles, que l'aubergiste revenoit, suivi d'un vieillard de quatre vingt-treize ans. — Monsieur, me dit-il, d'une voix encore forte, daignez entrer ; votre personne sera pour mon fils et pour nous tous, d'un heureux augure. — J'entre : trois femmes, deux enfans, un vieillard, cinq hommes et le chien fidèle du berger composaient toute la nôce. Les nouveaux époux me furent présentés. La jeune mariée, coëffée à la provençale, me fit plaisir à voir : mon regard le laissa peut-être trop paraître, car son sexagénaire époux me dit, en souriant, n'est-ce pas, Monsieur, que notre femme est bien ? — Comment, répondis-je, ne le serait-elle pas, ayant de grands yeux bleus, et des sourcils et des cils aussi noirs que l'ébene : avec cela, n'est-on pas toujours très-bien ? sur-tout si, comme votre épouse, que vous appellez ? Gabrielle, me répondit-il, on a le visage aussi vermeil et aussi rond que la plus belle pomme-rose.... Belle Gabrielle, lui dis-je, rendez grace à Dieu de votre brillante santé et des dons charmans qu'il vous a faits ; puissiez-vous les conserver long-temps pour le bonheur de votre mari, et sur-tout pour le vôtre ; et puisse-t-il naître de vous, des fils qui vous ressemblent, et qui soient les dignes héritiers des vertus guerrières de leur grand-père, de ce bon vieillard, de ce respectable Invalide, de ce triple Vétéran, (il portait ses trois médaillons). — O, Monsieur ! s'écria-t-il, je vous remercie de cette marque d'intérêt, que je voudrais avoir méritée par une plus longue connaissance. Permettez-moi de boire à votre santé. Au même instant toute la famille s'empresse à suivre son exemple ; au même instant, *Mouflar*, par ses aboiemens et ses bonds, semblait vouloir me dire, que le cœur était tout dans cette nôce. Oui, m'écriai-je, oui, braves gens, que ne puis-je dire mes amis ? Vous me rappellez les heureux jours de la France, ces jours de franchise, de confiance et de cordialité, que l'orage révolutionnaire a détruits pour jamais. — *Ventre-Saint-Gri*, répond le bon vieillard, blanc comme un cigne et noir comme un Egyptien ; tel qu'un vieux bastion s'écroulant sous le poids des neiges de l'hiver. — J'espère bien, me dit-il, le revoir ce temps heureux où l'on s'aimait, où l'on n'avait en France qu'un esprit et qu'un cœur. Avec lui reviendront tous les sentimens qui procurent le bonheur, et qui font chérir le regne et la mémoire d'un Monarque. Ainsi-soit il ! m'écriai-je, en poussant un profond soupir. Mais laissons là la politique, quoiqu'elle ne vous soit point étrangère : dites-moi, respectable vieillard, savez-vous bien que votre *juron* était celui de notre bon Henri IV ? — Si je le sais, s'écria-t-il ? Permettez que je vous apprenne deux mots de mon histoire. Je m'appelle S E L Z, je nâquis à *Aigue-morte* : le hasard, pour ne pas dire l'amour, me fit marier avec une Provençale. Le Curé de ma petite ville, m'avait choisi, parmi les enfans de son catéchisme, pour lui servir la messe : m'ayant pris en affection, et s'appercevant que je jurais souvent le nom de Dieu, il me dit un jour : Jeune homme, si tu savais de quelle faute tu te rends coupable quand tu jures le saint nom de Dieu, tu ne jurerais jamais. Si l'impétuosité de ton âge et de ton caractère te fait éprouver le besoin de soulager ton impatience ou ta vivacité, pour ne pas dire ta folie, par une expression ou une exclamation quelconque, choisis le *juron* de Henri le Grand, dont je t'ai fait apprendre l'abrégé de sa vie (2). De sorte que, depuis lors, je ne jure que par *Ventre-Saint-Gri.* D'abord, je répéte cela comme une leçon de mon catéchisme : j'étais si fier de jurer comme un Roi, et surtout comme un Roi de France, que l'instant où je dis, pour la première fois : *Ventre-Saint-Gri*, comme si c'était moi qui l'eusse inventé, fut un des plus heureux de ma vie. Non, je ne saurais vous exprimer, et vous ne sauriez le croire, le plaisir que j'eus en sentant que je m'en étais servi aussi naturellement que le Grand Roi lui même. — O brave et aimable vétéran, que j'ai de plaisir à vous entendre ! Je vous admire dans vos rares vertus comme dans vos belles années.

. . . . Le sceau de la victoire
Sur vos ruînes même imprime encor la gloire *.

Quoi ! vous osez porter vos trois médaillons *et les*. . . . Je

---

* La Petréide de Mr. Thomas.

m'arrête ; il serait trop téméraire de faire une réflexion... *Ventre-Saint-Gri*, Monsieur, je croirais manquer, me dit-il, à mon pays, si après lui avoir sacrifié ma liberté et avoir versé mon sang pour lui, je dédaignais de porter les marques honorables de sa reconnaissance. Cette faiblesse ou cette crainte serait déshonorante et pour lui et pour moi. Il n'est point de révolution qui puisse faire oublier les services rendus à l'Etat. *Rien, oui, rien n'y autorise.* Savez-vous bien que j'ai eu l'honneur d'être blessé à la bataille de *Fontenoi*, et que je n'étais pas bien éloigné de Sa Majesté Louis XV, quand un obus le couvrit de terre ainsi que son fils ? Au même instant je fus tout effroi, il tomba et éclata à leurs pieds ; je crus être anéanti, il m'avait semblé qu'il les avait renversés ; mais tout à coup je vis le Roi qui parlait à Monseigneur le Dauphin, et qui s'occupait d'un de nos braves qu'une balle venait de percer à côté d'eux. Mes larmes, à ce spectacle, se mêlèrent avec mon sang et coulèrent ensemble d'amour et de douleur. —— Vous avez donc eu l'honneur, lui dis-je, de combattre sous les yeux de votre Roi et sous les ordres du fameux Maréchal de Saxe ? Oui, Monsieur, me répondil, et quoique ce héros fut très-malade, son cœur, *Ventre-Saint-Gri*, se portait bien, car ses yeux paraissaient être deux foyers d'éclairs. —— Mon ami, lui dis-je, en trinquant avec lui, je suis trop jeune pour avoir pu partager votre gloire ; mais je vais vous citer un trait qui sûrement vous intéressera. Dans mon émigration, j'ai servi sous les ordres d'un vieux Général, nommé Mr. de Montboissier, qui commandait les Mousquetaires noirs dans la journée à jamais mémorable dont vous me parlez. En bute au feu de la bataille, à l'instant de charger, il leur dit : *Mes compagnons, la seule grace que je vous demande, c'est de ne pas aller plus vite que moi.* — Les Mousquetaires, la Maison du Roi, s'écria-t-il avec transport, je crois encore la voir ! et en disant cela, les rides profondes de ses joues flétries se remplissent de pleurs. Sans elle, ajouta-t-il, j'eusse peut-être été enterré vivant par les Anglais. Oui, je crois encore la voir.... ; elle eût traversé dix enfers. Les Anglais s'en souviendront long-temps de celle-là. J'en mourrais de plaisir, si je pouvais encore une fois les voir frotter de la sorte. — Ne parlez point de mourir, lui dis-je, songez plutôt, respectable vieillard, que dans peu vous vous verrez doublement revivre. Ah! Monsieur, que dites-vous là, s'écria-t-il ? Vous venez de rouvrir celle de mes blessures la plus profonde. Ce brave Charles que voilà, ce seul fils qui me reste, a déjà été marié une fois, et ainsi que moi il servait pendant la guerre de *sept ans*, sous les ordres de Monseigneur le Prince de Condé, quand il battit le Duc de Brunswick. Quelques années après, Charles eut un fils qui, comme nous, voulut servir le Roi ; mais hélas ! *ce brave Antoine*, c'était son nom, a été victime de son courage et de son noble dévouement. Des hommes de sang le redoutaient et le firent assassiner juridiquement.... Depuis, moi, des parens, de nombreux amis avons sollicité mon cher Charles à se remarier, pour ne pas laisser éteindre la race des Selz, qui depuis tant d'années sert la France de père en fils.

Ici, malgré moi, mes larmes décélerent mon émotion ; ces braves gens s'en apperçurent, et aussitôt, tous ensemble, se levèrent et s'arrêterent tout à coup. Qu'est-ce que c'est, leur dis-je, pourquoi, mes amis, vous êtes-vous levés ? — Ah ! s'écrierent-ils, vos larmes nous avaient fait oublier un moment le respect que nous vous devons, et nous courions vous embrasser. Du respect, mes amis ? eh ! quel sentiment peut être plus flatteur que celui de votre amour ? Le respect est de glace, c'est une erreur du cœur, quand le cœur est ému ; le sentiment réclame contre cet abus.

Ainsi, braves amis, c'est moi qui vous presse, qui vous convie à m'embrasser, pour satisfaire un cœur fidèle et bon.

Un instant après je m'arrache d'auprès d'eux, en leur promettant d'aller les voir dans leur demeure, et je continue mon voyage.

Monter à cheval, piquer des deux et arriver, devait être même chose ; mais en réfléchissant que ce n'est point avec cette vîtesse qu'on doit aborder une Nymphe aussi majestueuse que celle de Vaucluse, je me suis séquestré dans mon cœur, et en m'approchant avec respect, j'ai laissé le temps à mon esprit de contempler cette progression imposante et sublime des plus
sauvages

sauvages horreurs comme des plus grandes beautés. Désireux par conséquent de ne pas m'écarter de la route, je demande un guide ; un enfant de l'auberge Saint-Martin s'offre pour m'en s'ervir. Est-ce le Saint lui-même, ou l'Ange qui, du haut des cieux, veille sur tous mes pas qui me l'envoye ? Ou est-ce l'amour sans arc et sans carcois, ses ailes repliées sous l'habit du hameau ? Il est nud tête, les cheveux bouclés et le sein découvert, courant devant moi comme un lévrier.

Il s'arrête à l'embranchement des deux chemins.... C'est celui-là qu'il faut toujours suivre, dit-il, et avec sa petite main fixe mes yeux sur l'immense rocher de Vaucluse, que des bandes rougeâtres distinguent des autres ; qui réunis ensemble, coupent l'horizon et se prolongent en chaînes de montagnes..... Qui que tu sois, lui dis-je, tu vis d'argent, voilà pour ta journée. Il baise ma main et s'en retourne à travers prés.

A chaque pas que je fais, tout dégénere autour de moi, tout languit, tout souffre, tout meurt. Ce ne sont plus ces vastes prairies, ces champs fertiles, ces arbres touffus, ce jardin perpétuel de Lisle, qui transporte l'esprit aux premiers jours du monde ; c'est l'âge de fer dans toute sa barbarie.

Ce n'est, en ces contrées,
Que des sarmens noueux,
Se dépouillant de leurs feuilles pourprées,
Sur un sol ingrat et pierreux.

C

Ce ne sont que quelques tristes oliviers épars, que des murailles qui sécroulent ; ce sont des rochers arrondis, creusés, dévorés par le temps.... A droite, aux pieds des montagnes, dont la chaîne se recourbe en demi cercle, où finit la plaine de Lisle et commence la gorge de Vaucluse, la Sorgue roule paisiblement, sur un lit d'émeraudes, l'acier brillant de ses flots, qui ranimant la prairie qui les reçoit, font ressortir davantage l'extrême apreté de la nature la plus marâtre.

Ici, je ne suis point en France ; j'ai été transporté tout à coup dans les défilés horribles de la *Stiric* et de la *Carinthide*, où tout offre l'aspect déchirant de la misère et du malheur.... Quel est donc l'infortuné qui a fixé sa demeure dans le flanc de cet énorme rocher ? On dirait qu'il l'a pris pour son protecteur contre le ciel irrité. Comment pourrait-il ne pas l'être ? Quoi ! dans un lieu où tout annonce la grandeur infinie du Tout Puissant, le Temple du Sauveur est abandonné, avili, dépouillé de tout, et sa Croix n'est point encore debout ? Elle qui, seule, peut faire trouver des charmes toujours nouveaux dans le séjour le plus sauvage !.... Un Christ mutilé, confondu parmi des rocs, que les orages ont précipité de la cime des montagnes, est relevé par une main religieuse, qui va le placer avec respect, où il était jadis adoré. Leçon modeste et pleine de charité, mais qui rappelle encore vainement le souvenir d'un devoir sacré, tu es la seule trace de chrétien que j'aye rencontré à Vaucluse. Mais dépassons cette Eglise, dont la désolation blesse mes yeux et mon cœur.

A présent, j'ai devant moi une montagne aride, couverte de ses propres ossemens, broyés par les excès des saisons ; ayant à l'extrêmité de son penchant, un pitoresque rocher, fondement inébranlable d'un antique Château ruiné, dont les restes semblent encore prendre sous leur protection un groupe de maisons, nommées *Village de Vaucluse*, où conduit un pont de bois, jeté sur la Sorgue, dont le bruissement se fait entendre de toutes parts.

Il n'est rien ici qui ne commande et n'absorbe l'attention ; et à travers l'admiration la plus vive, on se sent pour ainsi dire frappé de terreur.... J'avance ; personne ne s'offre à ma vue...... Enfin, j'apperçois, sur le pont, un homme à figure sinistre, armé d'un fusil, et suivi d'un enfant qui portait un Trident.... Il m'aborde d'un air sombre, et me demande, d'une voix sépulcrale, si je veux qu'il enferme mon cheval ? Oui, lui dis-je, et il l'emmene.

Aussitôt une vieille femme paraît, et s'avance vers moi d'un air que je ne saurais dépeindre : elle est couverte de haillons, ses cheveux grisatres fuyent un horrible bonnet ; ses yeux sont dépourvus de cils, son teint est bazané, et son corps et son front portent les profondes empreintes de la misère et du temps.....
Tel est l'objet flatteur, la Nymphe charmante qui offre de me présenter à la Naïade. Je la regarde fixement,

elle est medusée. Et moi, plein du souvenir de Laure, je m'achemine vers la source, brûlant d'ardeur.

Me voici donc sur le chemin de la Fontaine, dominant la Sorgue et entouré de montagnes dont la terre fut sans doute consumée, avec toute espèce de végétation, par les flammes dévorantes d'un Vésuve ou d'un Etna.

L'enceinte qu'elles décrivent, est tellement circonscrite, que c'est une gorge et non un vallon ; qui n'est composée que de blocs de pierre, entrecoupant des lambeaux de tapis de verdure et de quelques rustiques maisons, aux pieds desquelles on voit, on entend des cascades qui grondent en tournoyant le jardin du pauvre.... C'était là, derrière ce contour de la montagne, sous ce rocher circulaire, d'où Pétrarque envoyait des fadeurs à Laure, et des impertinences aux Papes et aux Souverains.

Je dirai, en passant, que plus on est amant de la vérité, plus il est du devoir de la présenter aux Puissances sous les déhors du respect le plus profond et du dévouement le plus sincère. Et l'Abbé Rainal a eu tort de dire qu'on ne devait pas la vérité à ses tyrans. On la doit à quiconque l'ignore ; et quant à moi, je ne saurais la taire à personne *.

---

* Dans le Discours préliminaire du Poéme de FONTENOI, Voltaire dit qu'on est très-éloigné de refuser à un grand Poëte et à un Philosophe très-éclairé, tel que Mr. Addisson, les élo-

C'est ici que l'illustre Chantre des jardins fut si bien traité de sa muse et de l'écho. Pour moi, tout y est sourd ou muet.... Des grottes profondes de Vaucluse, l'écho aurait-il été dans les tombeaux d'Arcqua? Ou plutôt, comme l'observe Madame Verdier, dans sa charmante Idylle, ne répond-il qu'aux accens d'un amour aussi pur que son onde? Alors, Mr. de Lisle doit s'enorgueillir sur Mr. Dupaty, pour qui il n'a jamais voulu répéter que *la moitié du nom de Laure* (3).

Mais quand notre Apollon nous représente Pétrarque et Laure s'enivrant d'amour à chaque pas qu'ils font sur ce rivage, les accords de sa lyre cessent d'être divins; ils blessent les bienséances, outragent la vérité, Laure et son époux; qui se fût estimé trop heureux de se faire aimer de sa femme.

Jamais l'Historien, ni le Poëte, ni l'Amant n'ont parlé de la présence de Laure à Vaucluse, pendant les dix années que Pétrarque y est resté. Elle y eût trahi son devoir, son siècle et la vertu. Et quoique le

---

ges qu'il mérite; mais il en mériterait davantage et il aurait plus honoré la Philosophie et la Poésie, s'il avait plus ménagé dans son Poëme des Têtes couronnées, qu'un ennemi même doit toujours respecter.....

Mais les a-t-il toujours respectées lui-même? Il n'y a qu'une manière assûrée de confondre les Philosophes, c'est de les confronter les uns aux autres, et ensuite de les opposer à eux-mêmes.

cœur humain soit toujours le même, du temps de *Lucrece*, comme de celui de *Charlotte Cordé*, on n'a généralement osé prononcer que sur la coquetterie de Laure, qu'on ne saurait trop blâmer.

Il est des femmes qui ne demandent aux hommes que de flatter leur vanité; d'autres qui n'aiment, qui n'adorent qu'elles-mêmes. Pour parvenir au cœur de celles-là, il n'est qu'une route, celle de la flatterie ; et quelque dégoûtante que soit l'adulation qu'on leur adresse, on peut être assuré qu'elle sera accueillie : leur aveuglement est si *heureux*, si grand, qu'elles ne se méfient pas plus des protestations qu'on leur fait, des fadeurs qu'on leur débite, que de leurs attraits, quelque mensongers qu'ils soient la plupart du temps. Pour elles tout est vrai, tout est bon et tout réussit. Il en est encore d'autres dont l'orgueil et l'amour-propre se font un jeu, un plaisir des tourmens que nous causent leur adresse et leurs appas. Mais quelle idée peut-on avoir de celle, qui se complaît à désoler, à la fois, son amant et son époux !

Si les Poëtes, qui presque toujours battent la campagne pour une rime, et qui prodiguent à tort et à travers les fleurs et l'encens ; qui défendent avec la même chaleur le vertu et le crime, l'oppresseur et l'opprimé (4), avaient puisé dans la Biographie de ces illustres amans, et non dans l'exaltation du plus tendre *délire*, ils eussent parlé de Laure et de ses amours avec plus de réserve et moins d'immoralité.

L'Athénée de Vaucluse, donne pour preuve de la vertu de Laure, les soupirs respectueux de Pétrarque, de cet amant lamentable, si dupe et pourtant amoureux; ou dumoins faisant semblant de l'être : car je serais tenté de croire qu'il voyait plutôt dans Laure, sa Muse que son idôle; ce qui me ferait dire qu'il agissait envers elle comme les Philosophes à l'égard de la religion, à laquelle ils prodiguent les plus sublimes louanges ou les plus absurdes critiques, suivant que l'une ou l'autre grossit le volume et fait valoir leur esprit.

Mais ce n'est pas le moment de fixer sur lui notre attention, quoique foulant le sol que ses pas ont touché. Au contraire, je m'avoue coupable d'avoir suspendu, pour une vaine poussière, l'enthousiasme de mon admiration.

Continuons d'avancer vers la source.

Un nuage ténébreux dérobe le soleil à Vaucluse; le jour, à son midi, paraît être à son déclin, et les ombres ne semblent se rembrunir, que pour faire ressortir d'avatage le tableau d'horreurs, que les rochers déroulent à mes regards, pour enchaîner tous mes pas... Quelle terreur soudaine s'empare de moi ? Eh, quoi ! j'hésite ! serais je aux pieds du Tribunal incorruptible de l'Eternel ?... Mais que vois-je ? Ah ! *Barbares*, qu'avez-vous fait ? Ici tout ne parle que de Dieu, et vous y avez consacré le nom d'un homme ? Hâtez-vous de renverser cette orgueilleuse et détestable Colonne; qu'elle mesure la profondeur de l'abyme ! Vous demandiez un monument ? Et cette pyramide informe, merveille des siècles qui l'ont arrachée à la montagne, n'en est-il pas un ? Où trouver un bloc de marbre qui puisse lui être comparé ? Quel est l'artiste qui ne se prosternera point à ses pieds ? Quel ciseau osera l'imiter ? O, Vaucluse ! il a fallu une ame plus glacée que ton onde, un goût totalement dégénéré, frappé d'aveuglement, un esprit insensible à cette majesté imposante et suprême, qui suspend tous les pas, pour n'avoir point rougi de souiller le lit même de la Nayade, par l'érection révoltante d'une Colonne à Pétrarque, à ce Républicain factieux, ennemi de la France !

Je suis à présent pleinement rassuré, car si j'y trouve quelqu'un, ce ne sera qu'un mortel.

Me voici placé entre la Colonne et l'abyme ; il est sous mes pas, et l'eau qui l'emplit et le cache, tranquille comme celle d'un bassin qui n'a point d'issue, est à trente pieds au dessous de deux figuiers, qui sortent d'un gigantesque rocher, perpendiculaire sur l'incommensurable réservoir de la Sorgue, qui, par des issues invisibles, va sortir à quarante pas de la Colonne, comme si elle rougissait de la voir. Mais elle paraît avec tant de tumulte, de précipitation, que tout retentit des éclats continus de son tonnerre. Tout frémit ! Ses flots bleuâtres et écumeux se frappent et se brisent contre d'informes rochers revêtus de mousse, qui semblent la contraindre à regarder ce ridicule monument.

ment . . . . Elle les franchit, fuit et s'appaise.

Mais quand l'hiver fond par torrens sur la cime escarpée des montagnes, dont ce roc effrayant n'est qu'un immense chaînon, elle est alors dans toute sa puissance; elle s'élève à la hauteur des *centenaires Figuiers* *, devient tout à coup furieuse, heurte avec un fracas épouvantable, les fondemens de la Colonne, que vainement elle s'efforce de renverser. . . . Sa rage s'en accroît, elle est à son comble, elle se précipite de rochers en rochers, et avec des mugissemens affreux, répand au loin des mers d'écume ; comme si elle aspirait toute l'eau des entrailles de la terre, pour en submerger la France entière.

La furie des torrens déchaînés contre la Colonne, n'a fait jusqu'à présent qu'éteindre quelques bluettes d'esprit, qu'effacer les chiffres entrelacés d'emblêmes, qu'en un pélerinage d'amour, les amans de toutes les contrées y tracent tous les ans.

Cette année-ci, le Roi de Hollande y avait laissé l'empreinte de son esprit et de son cœur; mais les zéphirs avaient suffi pour tout faire disparaître. On y lit encore quelques plates Inscriptions, quelques noms insignifians, quelques Quatrains. . . . . Voici le seul où l'on retrouve les traces de la sensibilité et du sens commun :

---

* Une description du seizième siècle en parle.

> La mère et le papa d'Isaure
> Sont venus dans ce beau séjour,
> Remplis du souvenir de Laure,
> Sacrifier au tendre amour.

Ces Vers, n'ont rien de recherché, c'est l'expression de l'Impromptu, le langage de deux tendres époux, animés par une ame simple et naïve ; ils m'ont fait plaisir et j'ai écrit à la suite :

> Heureux celui qui maitre de son cœur,
> Trouve dans soi la source du bonheur.
> Mais plus heureux l'époux tendre et fidèle
> Qui chaque jour dans les bras de sa belle,
> Est à la fois comme ami, comme amant,
> Tel que pour Eve était l'heureux Adam !

Que la plupart des mortels, pensent être à Vaucluse aux pieds d'un inexpugnable rempart, aux limites du monde, aux avant-postes de Pluton, au portique de Neptune, cela n'a rien qui m'étonne. Il est si facile à l'homme de se faire illusion ! sur-tout s'il porte une Tête Française. . . . . Oui, tout est croyable, lorsqu'on a vu Lafond nous faire réellement jouir de l'imaginaire miracle de *Pygmalion*.

Pour moi, qu'en ce moment aucune erreur ne saurait tromper, je suis aux portes effrayantes du Tabernacle auguste de l'Eternel ; mes yeux ne sont point éblouis, mais mon cœur, adorateur, se prosterne par tout où la Divinité se manifeste.

Un plaisant comparerait, peut-être, la Colonne au cierge pascal. Il est vrai qu'elle a l'air d'une chandelle au haut de laquelle on a placé la bobeche : tel est l'effet que produit le monument que quelques gens de lettres ont élevé au genie de Pétrarque, en mettant toutes les bourses à contribution.

Il ne me reste à présent qu'à m'arracher d'ici, ce qui ne serait pas ce qu'il y aurait de plus aisé, si la Sorgue, dont le courroux semble s'accroître, ne m'entraînait sur les rives du Rhône. Cédons puisqu'il le faut, et disons adieu à Vaucluse, à ce célébre séjour, où l'horrible est dans la perfection du beau.

Ici, il n'est point d'amant qui ne forme des vœux, qui ne fasse des projets, qui n'ouvre son cœur à l'espérance, qui n'aime à s'y rappeller les Vers de l'illustre de Lille, et qui ne veuille éprouver la mémoire et la voix de l'écho ; mais ayant perdu l'un et l'autre, ce serait vainement qu'on voudrait lui faire redire :

<pre>
    Que le Ciel exauce ma flamme ;
      Et dans ce lieu d'enchantement,
Où l'homme est trop heureux lorsqu'il possede une ame !
    Je reviendrai dans les beaux jours de l'an,
Me consumer d'amour sur le sein de Madame,
Tel qu'un Phénix qui meurt et revit à l'instant.
</pre>

RETOUR

A

AVIGNON.

~~~~~~~

EN rentrant à Lisle, j'apperçois, après avoir passé le pont, à travers quelques rameaux d'ormes, sur le frontispice modeste d'une maison, l'orgueilleuse enseigne d'*Hôtel de Pétrarque et de Laure*. Revenant de la Fontaine incomparable, la tête pleine de la célébrité de ces deux amans, et l'estomac vuide de l'excellente renommée du poisson de la Sorgue, tu comprends, Lecteur, qu'il faudrait se faire violence pour passer outre, ainsi entrons dans la cuisine. A peine j'y suis, qu'aussitôt un cri perçant, parti du bout du doigt d'une jeune fille, me fait voir à la fois des écrevisses, des truites et une petite mine chifonnée qui vient à moi et qui me dit d'un air fripon, si je veux qu'elle me conduise au sallon. En y entrant elle me fait remarquer la cheminée, en disant : Voilà, Monsieur, où les voyageurs écrivent *de drôles de choses*. Tu sais donc lire, lui dis-je ? Pas beaucoup, reprit-elle, mais pourvu que je lise un mot, je devine le reste....

En effet, cette cheminée est fort étrange. Une pièce de vers intitulée : *La Cheminée de Lisle*, serait un vaste canevas où l'imagination pourrait embellir tous ses caprices.

Depuis le pavé jusqu'au plafond, ce n'est qu'inscriptions ; c'est l'image du cahos de l'esprit ; c'est une confusion de rébus indécens, de noms indiscrets, de sales plaisanteries, de Vers sur tous les tons et sur toutes les mesures ; et si confondus les uns avec les autres, qu'à peine si on retrouve quelques rimes de suite. Quant au sens, il ne faut pas en parler, à moins de n'avoir le don heureux de la fille de l'Hôtel, qui n'a besoin que de lire un mot pour déviner le reste..... D'ailleurs, ce qui serait raisonnable et joli par lui-même, cesserait de l'être sur une cheminée d'auberge. C'est un ridicule que d'y écrire dessus, qui ne cesse que lorsqu'on est remplacé par un objet qui vous aime, parce qu'alors on est sûr qu'il ne voudrait pas laisser en proie aux passans ce qui n'a été tracé que pour son cœur.

Dans ce sallon, j'ai retrouvé beaucoup de noms et de caractères qui ne me sont pas inconnus ; j'en ai été surpris, mais l'amour égare le jugement, le goût, la raison, tout..... Et ce qui est d'un prix infini aux yeux d'un amant, n'est rien, presque toujours, pour l'homme calme, vainqueur de lui-même.

J'ai également *parcouru* la chambre de Pétrarque et de Laure : ni l'un ni l'autre n'y ont logé ; mais c'est bien assez que leurs bustes y soient pour qu'on l'appelle ainsi. On est si habitué à voir des choses pareilles en France, que je ne me permettrai point d'y faire aucune observation.

Ces bustes m'ont rappellé ceux de *Simon de Sienne*, qui était Sculpteur et Peintre, si l'on en juge *par un bas-relief en marbre* [*] représentant ces deux amans, et par les Vers suivans que Pétrarque lui adresse.

<blockquote>
Du rival de Zeuxis, le pinceau créateur
Dont l'art sur une toile à mes yeux fit éclore
L'air, la grace, les traits, et les beaux jours de Laure,
Eût charmé mes ennuis et ma vive douleur.

Mais aux attraits vivans, à l'aimable douceur,
Au souris gracieux de l'objet que j'adore,
Par un nouveau prestige il devait joindre encore
Les accens de sa voix, son esprit et son cœur.

Trompé par mes desirs, séduit par la peinture,
Je crois être écouté, je presse, je conjure,
Elle ne répond point aux vœux de mon amour.
</blockquote>

---

[*] Il fut trouvé à Florence, par Mr. Bindo-Perruzzi.

Heureux Pygmalion, mortel digne d'envie !
Ah ! que ne puis-je entendre une fois dans ma vie
L'aveu que l'on te fit mille fois en un jour ! *

La chambre prétendue de ces deux amans, n'est pas, comme on s'en doute bien, à l'abri des inscriptions. On en lit jusques dans les yeux des deux bustes. Un original, qui sans doute ne soupirait jamais aussi long-temps que Pétrarque, s'est peint d'un seul trait, en gravant *Patraque* sur un front ceint de laurier, dont ce seul mot fait une bonne caricature.

Malgré ces observations, et l'effet qu'elles sont capables de produire, j'ai eu de la peine à m'empêcher d'écrire un Quatrain sur *l'alcove* de cette chambre. Mais en réfléchissant de nouveau aux fautes d'autrui, je me suis préservé des miennes.

Mais que disent ces grandes et ridicules lettres que je lis à droite en sortant ? *Que Louis Bonaparté, Roi de Hollade*, a dîné ici le 17 Août 1807.

Peut-on croire que ce soit une main *vraiment royale* qui les ait tracées ? La tienne sur la conscience, lecteur, qu'en dis-tu ? Devons-nous croire qu'elle n'a obéi à son premier mouvement, que pour jouir de l'abandon irréfléchi du simple citoyen, ou qu'il n'a voulu s'affranchir un moment de la dignité pesante de

---

* Sonnet LVIII. Traduction de l'Abbé Roman.

Monarque

Monarque, que pour prouver qu'il était plus enorgueilli du titre de *Citoyen Français*, que de celui de Roi même ? ce qui rappellerait ce que César dit *dans Corneille*, en parlant de la femme de Pompée :

..... Qu'on la traite en Dame Romaine,
C'est-à-dire, un peu plus qu'on n'honore la Reine.

En effet, il est des circonstances, des époques et des pays où le Souverain, qui redevient Sujet par principes de conscience et d'honneur, est plus grand que le Souverain même.... Alors je crois l'entendre s'écrier avec Sylla : *Que c'est tout le sang qu'il a versé qui l'a mis en état de faire la plus belle de toutes ses actions*.... Bornons-nous à cette réflexion, qui à elle seule renferme tout ce que l'héroïsme a de sublime et tout ce que la vertu a de divin.

On m'appelle pour dîner, allons y faire honneur.

A présent, que me voilà au dessert, écoutons cette petite fille du Maître de *l'Hôtel*, jolie comme les Anges, qui vient si innocemment me réciter les Vers du Roi de Hollande. La voilà qui se place devant moi, qui rassemble ses petits pieds, joint ses petites mains, dresse sa tête gracieuse et timide, et commence, la pauvre Agnès ! par faire le signe de la Croix, et dit, en prenant *la-mi-la* d'une Fable :

LE ROI DE HOLLANDE
A
VAUCLUSE.

Torrent dont la source féconde
Abreuve de nombreux sillons,
Et qui du centre du monde
T'élève en ces riches vallons,
Par le doux souvenir de Laure,
Calme celui de mon chagrin;
Puisse la rive que j'honore,
Me faire oublier encore
L'AUTEUR CRUEL DE MON DESTIN!....
Vain espoir, vœux inutiles,
Ici je sens mieux mon malheur;
Le calme de ce lieu tranquille
Semble augmenter ma douleur.

Après avoir entendu ces Vers, il a fallu toute la force de la raison pour enchaîner mon imagination qui, m'investissant de souvenirs déchirans, m'a fait pousser de profonds soupirs.....Il serait fou de révéler ce qui s'est passé entr'elles deux; mais il est juste de remercier cette belle enfant; je fais plus, je l'embrasse et je bois à la santé du Roi................
....

L'Eglise de Lisle, mérite, dit-on, d'être vue; allons-y. Suivons les détours étroits de cette vilaine rue.... Nous voici sur le parvis. Ce frontispice est assez beau ; mais je suis fâché que ce Peuplier, planté par la licence et arrosé du sang des martyrs, le soit encore plus *. Quelle est la Dryade qui, en face de l'Autel du Dieu-vivant, ose élever si haut l'orgueil de ses derniers rameaux ? Il n'est pas jusqu'à Pomonne qui ne l'entoure des plus beaux fruits. Demandons aux femmes qui le vendent, *si c'est cet arbre qui l'a produit....* Elles rougissent et se taisent....

Entrons dans l'Eglise.

Tout y est encore Français, tout y est catholique. Il n'est pas jusques à la Naïade de la Sorgue qui ne le soit devenue. Ce n'est plus de *l'eau lustrale* qu'elle pré-

---

* Je suis encore à concevoir, comment on peut laisser subsister de pareils monumens, si connus sous le nom imposteur d'ARBRE DE LA LIBERTÉ, qui rappellent des souvenirs si affreux, si déchirans pour le cœur de tout homme sensible et si déshonorans pour le nom français ? Si la folie les a plantés, la raison doit les arracher. Cet arbre est hors de la loi. Ses fruits mortifères ont fait couler tant de larmes, que quiconque pense, doit demander qu'il soit abattu, puisque ceux qui l'ont planté ne rougissent pas de laisser au devoir une obligation de plus à remplir.... Mais si je considère cet arbre sous un autre aspect, je dirai, qu'il ne peut prendre de profondes racines que dans un cœur religieux ; parce qu'alors la vertu en devient la séve, la sagesse, la fleur, et les bienfaits les fruits. Oui, il n'est et ne peut y avoir d'autre arbre de liberté, que celui DE LA CROIX ; lui seul est impérissable ! C'est l'arbre de vie, l'autre est l'arbre de mort......

sente, *c'est de l'eau bénite*, dans une vaste coupe de marbre. Ce temple est une chapelle ; elle est grande et belle, la voûte en est hardie ; et les divers Autels qui l'entourent sont richement décorés. L'or même y a été respecté, j'ignore par quel miracle.

Mais à propos de miracle, que signifient ces béquilles, ces jambes, ces bras et même ces enfans suspendus à ces religieuses murailles ? ce sont des *ex-votos*. Dites plutôt des faiblesses d'esprit qui dégradent l'homme, et dont la Divinité aurait à rougir si elle y était sensible. Elle ne demande, pour les bienfaits les plus grands, pour les graces les plus spéciales que l'oblation d'un cœur plein d'amour.

O divine, ô charmante Loi !

Mais elle est sans yeux pour la reconnaissance qu'on suspend à des clous, comme elle est sans oreilles pour celle qui ne part que des levres.

On ne s'imagine pas combien ces choses insignifiantes par elles-mêmes, fournissent des sujets de déclamation aux Philosophes et aux malveillans, si ardens à ridiculiser tout ce qui a rapport à la religion. Ce qui la dégrade est pour eux de l'argent comptant. Dans un Curé, par exemple, un esprit borné, l'ignorance du cœur humain (que je compare à ceux qui lisent un livre sans le comprendre), un caractere entier, qui à la place de la douceur onctueuse de l'Evangile ne montre que le despotisme de son orgueil et de sa puissance, fairont toujours dans sa Paroisse beaucoup de mal ; ce sont de tels ministres qui font des impies.... Oui, on n'a point assez à cœur ce zèle pur et éclairé, qui dans le désintéressement le plus parfait, produirait chaque jour de nouveaux miracles. Pour parvenir à ce but, dépouillons le Christianisme de tout ce qu'il y a d'humain qui en soit indigne . . . . Tout ce qui n'est point lui, sort du plus grand ou du plus petit endroit de la terre, de l'esprit humain. Et je m'écrierai avec l'immortel Montaigne : *La vile chose que l'homme, quand il ne se laisse pas soulever par quelque chose de céleste !*

Si Mr. Dupaty dit vrai, dans ses *Lettres sur l'Italie*, il n'y a jamais rien eu de plus condamnable et de plus risible en même temps, que la correspondance perfide que les Jesuites avaient établie à Rome, entre Saint-Louis de Gonzague et les Italiens. C'est, dans son genre, tout ce qu'on pouvait imaginer de plus mal adroit, de plus ridicule et de plus indécent (5).

Mais ne poussons pas plus loin le cours de ces réflexions, car il est temps de partir de Lisle, qui, de quelque côté qu'on en sorte, offre l'aspect de tout ce qui existe de plus frais, de plus varié et de plus riche en même temps. Par-tout, la Nature sourit . . . .

Je reviens à Avignon, par Château-neuf de Gadagne, qui semble ceindre de maisons le front modeste de sa coline.

Dans ce court espace, mes regards enchantés se reposerent sur deux superbes mulets attelés, marchant lentement et d'un pas égal, traînant sans efforts une large planche, niveau de la plaine, écrasant tout ce qui s'élevait devant elle. Un jeune homme, semblable à Hercule, est sur la herse, gardant une attitude fière, noble et même majestueuse, tenant les rennes et la main gauche haute et très-en avant, et s'appuyant, de la droite, sur un jeune chêne dépouillé de tout, qui dépasse sa tête assûrée. Je ne crois pas voir l'Empereur de la Chine, mais je contemple le Roi, l'époux, le maître de la terre, le dieu des guérets, fécondant la Nature pour rendre usurairement à tous les mortels ce que l'homme lui a prêté.

Me voici à Moriere : ce grand et joli village est aux pieds d'un mont audacieux, d'où mes regards planent sur le plus beau pays de l'univers. Saisi d'étonnement, rempli d'admiration, je ne puis aller plus avant, à peine si je respire. *Seigneur, que vos ouvrages sont magnifiques ! Vous avez tout fait dans votre sagesse, la terre est remplie de vos présens**. Oui, grand Dieu, mon esprit et mon cœur s'élevent jusqu'à vous à l'aspect de votre inéfable bonté et de votre toute puissance. O que de splendeur et de magnificence vous avez prodigué au Comtat Venaissin !

---

* David.

Quelle plaine ! qu'elle est admirable ! C'est l'image vivante et parfaite de votre bienfaisance et de votre grandeur. Non, non, je ne rendrai jamais l'impression qu'a reçu mon ame en ce moment . . . . . Eh ! quel génie pourrait ébaucher seulement un tableau si imposant et si sublime ? Quel cœur peut le contempler sans adorer, bénir et prier ? Quels yeux peuvent le voir sans l'admirer toujours ? Il est dans ma tête jusqu'à la mort.

L'horizon est si obscurci par une chaîne nébuleuse que traînent les foudres de tant d'orages (6), qu'on dirait que le ciel même est effrayé, et que le jour va se cacher dans la nuit. Une obscurité grisâtre et vaporeuse ne me permet plus de tout voir qu'à travers un voile ténébreux ; car la quatrième heure du soir, semble plonger la Nature dans l'incertitude et le deuil. Le Rhône est devant moi et arrête mes regards ; il disparaît souvent dans des groupes d'arbres, comme une riviere de diamans que le caprice, le goût et la coquetterie d'une Dame, dirigent à travers les larges anneaux d'une noire chevelure, pour relever davantage l'éclat de sa beauté.

Avignon et son *trop célèbre rocher*, Ville-neuve et sa *colline dégradée*, se confondent avec la nuit, et la tristesse et l'effroi semblent planer au dessus des clochers et des tours. La Durance court çà et là ; tantôt repliant ses méandres sur elle-même, tantôt se précipitant comme une folle qui s'égare, elle se jette en désespérée dans les bras du fleuve et acheve d'encadrer cet immense tableau ; telle qu'un large galon d'argent, dont l'aquillon décrirait des festons au gré du hasard.

Le Mont-Vantoux est à ma droite, il n'a dans la réalité que mille toises au dessus du niveau de la mer ; mais à l'instant même il est infini, il enchaîne les pirenées, les alpes et le firmament. Des villes, des villages, des bois, des maisons de campagne, de grandes routes, des prés, des canaux, des jardins, enfin tout ce que la terre a de plus ravissant, compose le centre de ce divin tableau. La distribution de tous ces grands objets est si irrégulière, si pittoresque et si belle, qu'elle est au dessus de l'ordre, du goût et de l'imagination ; comme le *vallon de Naut* (7) l'est du plus beau jardin anglais qui existe.

Je rentre avec la nuit à Avignon ; et malgé moi mes yeux s'attachent sur son immense, informe et gothique palais ; où je crois voir le lieu profond et ténébreux dans lequel un nombre considérable de vrais Français, de tout rang et de tout âge furent précipités les uns sur les autres et y expirerent dans les tourmens du désespoir, de la faim et de la rage.

> Eh ! comment concevoir que sous un si beau ciel
> L'habitant de ses bords pût être si cruel ?
> Qu'il pût sacrifier à de vaines chimères . . . . . .]
> des amis pleins d'honneur, et les loix de ses pères
> Dans cette ivresse affreuse, il était sans pitié !
> Le crime regnait seul, et tout fut oublié :
> Principes, amitié, devoir, reconnaissance,
> N'étaient plus rien ici ni dans toute la France.

FIN.

NOTES

Du Voyage à la Fontaine de Vaucluse.

NOTE PREMIERE.

Sous la seconde race de nos Rois, la France étant tombée dans l'anarchie la plus profonde, les voyageurs étaient arrêtés, dépouillés et massacrés au passage des rivieres. Des Moines habiles et courageux, entreprirent de remédier à ces maux : ils formerent entr'eux une Compagnie, sous le nom d'*Hospitaliers-Pontifes* ou *Faiseurs de Ponts*. Ils s'obligeaient, par leurs Instituts, à prêter main forte aux voyageurs, à réparer les chemins publics, à construire des ponts et à loger les étrangers dans des Hospices, qu'ils éleverent au bord des rivieres. Ils se fixerent d'abord sur la Durance, dans un endroit dangereux, appellé *Maupas* ou *Mauvais-pas*, et qui, graces à ces généreux Moines, prit bientôt le nom de *Bon-pas*, qu'il porte encore aujourd'hui.... C'est cet Ordre qui a établi le pont du Rhône à Avignon. On sait que les messageries et les postes, perfectionnées par LOUIS XI, furent d'abord établies par l'Université de Paris». *L. 6ème. Ch 8ème. du Génie du Christianisme.*

Je ne crains point d'avancer, que le moindre de tous les couvens de Moines renfermait dans ses murs plus de morale, de patriotisme et d'humanité que toute la secte entiere des Philosophes.

NOTE SECONDE.

Pendant mon séjour à Vienne en Autriche, Mr. le Comte d'Antraigues, à la suite d'une conversation sur Henri IV, m'ayant permis de prendre copie d'une lettre écrite de la main de ce Monarque, au *Gouverneur du Vivarais et du Gevaudan*, je ne crois point commettre d'indiscrétion en la faisant connaître. Tout Français y retrouvera, avec ravissement, le cœur chevalier du plus grand de nos Rois.

La Rochelle, 25 Octobre 1588.

« Mons de Launais d'Antraigues, Dieu aidant, j'es-
» pere que vous êtes, à l'heure qu'il est, retabli de
» la blessure que vous reçutes à Coutras, combattant
» si vaillamment à mon côté; et si ce est, comme je
» espere, ne faites faute (car, Dieu aidant, dans peu
» nous aurons à découdre et aurons grand besoin de
» vos services.) de partir aussitôt pour me revenir
» joindre.
» Sans doute vous n'aurez manqué, ainsi que l'a-
» vez annoncé à Mornay, de vendre vos bois de Me-
» zilac et Cuzes ; ils auront produit quelques mille
» pistoles, et si ce est, ne faites faute à m'en apporter
» tout ce que vous pourrez, car de ma vie je ne fus

» en pareille disconvenue. Je ne sais quand, ni où,
» si je pourrai jamais vous les rendre ; mais je vous
» promets ici, force honneur et gloire, et argent n'est
» pas pâture pour des Gentilhommes comme vous et
» moi. Votre affectionné ami. HENRI ».

On irait au bout du monde, après avoir reçu une telle lettre, pour apporter à un aussi bon Maître et son or et son sang.

NOTE TROISIEME.

« J'ai voulu savoir, dit Mr. Dupaty, si, comme l'assure l'Abbé de Lille, l'écho n'avait pas oublié le doux nom de Laure : n'en déplaise au Poëte, l'ingrat en a oublié la moitié. On connait à peine, ajoute-t-il, les lieux où Alexandre a gagné ses batailles, on reconnaîtra éternellement les lieux où Laure et Pétrarque ont aimé. Les murmures de ton onde, ô Vaucluse, et les Vers du Chantre des Jardins et des Mois, le diront à tous les siecles ».

Après une aussi flatteuse prédiction, je sens l'impatience du lecteur de lire les deux morceaux dont parle Mr. Dupaty ; je vais le satisfaire.

<pre>
  Ah! loin de m'égarer dans cette vaine étude ;
    Que ne puis-je aujourd'hui goûter ta solitude,
      O Vaucluse ! ô séjour que j'ai tant désiré !
  ET QUE LES DIEUX JALOUX NE M'ONT JAMAIS MONTRÉ.
  Sur les rochers pendans dont la chaîne t'embrasse,
</pre>

De Pétrarque amoureux j'irais chercher la trace ;
Mes pieds y fouleraient ces verdoyans gazons,
Où Pétrarque oubliant la rigueur des saisons,
N'appellait, ne voyait, ne respirait que Laure.
Ici, disais-je, ici des beaux présens de Flore,
Cent fois il couronna le front qu'il adorait ;
Et, dans l'enfoncement de cet antre secret,
Il mariait sa voix à sa lyre plaintive.
Sur le sable mouvant de cette eau fugitive,
Sur les troncs respectés du souffle des chaleurs,
Gravant le nom de Laure, il l'arrosait de pleurs ;
A ce doux souvenir j'en répandrais moi-même,
Et mon cœur me dirait, ainsi ma Zilla m'aime.

(*Fragment du Poëme des Mois, par Mr. Roucher*).

Que dire de mieux sur un lieu qu'on n'a point vu, et sur deux personnages dont on ignore l'histoire ? La plupart des Poëtes qui en ont parlé, n'ont écouté que le caprice de leur Muse, s'embarrassant peu de la vérité.

Quel cœur, sans être ému, trouverait Aréthuse,
Alphée ou le Lignon, toi sur-tout, toi, Vaucluse,
Vaucluse, HEUREUX SÉJOUR, que sans enchantement
Ne peut voir nul Poëte et sur-tout nul amant ?
Dans ce cercle de monts, qui recourbant leurs chaînes,
Nourrissent de leurs eaux tes sources souterraines,
Sous la roche voûtée, antre mystérieux,
Où ta Nymphe échappant aux regards curieux,
Dans un gouffre sans fond cache sa source obscure.

A VAUCLUSE.

Combien j'aimais à voir ton eau qui toujours pure,
Tantôt dans son bassin renferme ses trésors,
Tantôt en bouillonnant s'élève et de ses bords,
Versant parmi des rocs ses vagues blanchissantes,
De cascade en cascade au loin rejaillissantes,
Tombe et roule à grand bruit ; puis calmant son courroux,
Sur un lit plus égal répand des flots plus doux,
Et sous un ciel d'azur, coule, arrose et féconde
Le plus riant vallon qu'éclaire l'œil du monde.
Mais ces eaux, ce beau ciel, ce vallon enchanteur,
Moins que Pétrarque et Laure intéressent mon cœur *.
La voilà donc, disais-je, oui, voilà cette rive
Que Pétrarque charmait de sa lyre plaintive.
ICI PÉTRARQUE A LAURE EXPRIMAIT SON AMOUR,
VOYAIT NAITRE TROP TARD, MOURIR TROP TOT LE JOUR.
Retrouverais-je encor sur ces rocs solitaires
De leurs chiffres unis les tendres caractères !
Une grotte écartée avait frappé mes yeux ;
Grotte sombre, dis-moi, si tu les vis heureux !
M'écriais-je ; un vieux tronc bordait-il le rivage ?
Laure avait reposé sous son antique ombrage :
JE REDEMANDAIS LAURE A L'ÉCHO DU VALLON,
ET L'ÉCHO N'AVAIT POINT OUBLIÉ CE DOUX NOM.
Par tout mes yeux cherchaient, voyaient Pétrarque et Laure
Et par eux ces beaux lieux s'embellissaient encore.

---

* C'est bien pour faire un Vers, car si c'eût été vrai, il eût été indigne d'être le Chantre universel de la Nature.

La Poésie ne saurait jamais autoriser à dénaturer un fait historique, quand c'est pour souiller la mémoire de trois personnes à la fois.

Il est étonnant que la Muse du Gardon, moins habituée à peindre les grandes scenes de la Nature que MM. Roucher, et sur-tout que Mr. de Lille, donne une idée plus exacte et plus frappante de la Fontaine de Vaucluse, que ces deux Poëtes ne l'ont fait. Lorsqu'on a été à cette admirable source, et qu'on lit la charmante Idyle de Madame Verdier, on ne peut pas douter qu'elle ne la peigne d'après les propres sensations qu'elle y a éprouvé. Mais MM. Roucher et de Lille, semblent n'en parler que pour faire des Vers, plutôt que pour vouloir en donner une idée.

NOTE QUATRIÈME.

Il me suffira sans doute de citer seulement l'exemple de Lucain, qui disait à Néron, tout couvert du sang des Romains, en parlant des proscriptions :

> Heureuse cruauté, fureur officieuse,
> Dont le prix est illustre et la fin glorieuse,
> Crimes trop bien payés, trop aimables hasards,
> Puisque nous vous devons le plus grand des Césars !
> Que les Dieux conjurés redoublent nos misères !
> Que Leucas sous les flots abyme nos galères !
> Que Pharsale renvoye encor nos bataillons,
> Du plus beau sang de Rome inonde nos sillons !
> (. . . .)

Qu'on voye encore un coup Pérouse désolée,
Destins, Néron gouverne, et Rome est consolée.

Pharsale, Trad. de Breboeuf.

A un tel excès de honte pour les Gens de Lettres, il n'y a point de réflexion à faire; il n'y a que des points à ajouter. . . . .

NOTE CINQUIEME.

« Comme le devant de l'Autel avait été enlevé, à cause de la Fête, *j'ai vu de mes propres yeux* dans la boite une foule de lettres, sur lesquelles on avait oublié de mettre : *Poste restante* ».

LETTRE XLVII.

Si cela est faux, il faut avoir autant de front que d'impudence, pour oser mentir avec autant d'effronterie. Que répondre à celui qui vous dit : *J'ai vu* ? On peut du moins observer que les Jesuites n'étaient pas bien empressés de connaître les secrets des familles, puisqu'ils ne l'étaient pas de retirer ces lettres.

NOTE SIXIEME.

A commencer de cette nuit-là, il fit, pendant huit jours de suite, des orages affreux, à renverser les maisons; de mémoire d'homme, on n'en avait pas vu de semblables. Les éclairs étaient si contigus les uns aux autres, que j'ai lu le Titre entier de L'ESPRIT

DE L'HISTOIRE, quoique mes rideaux et mes croisées fussent fermées.

NOTE SEPTIEME.

DESCRIPTION DU VALLON DE NANT.

NANT, Ville du Rouergue, (Département de l'Aveiron), était autrefois à l'abri d'un coup de main, comme l'étaient jadis, par une gothique fortification, toutes les Villes dont l'antiquité se perd dans la nuit des temps. On y voit encore les restes de deux portes, de quelques tours et de l'épaisse muraille qui l'entourait, que maints particuliers ont transformée en mur de façade. Depuis son origine, cette Ville s'est accrue de deux fauxbourgs ; l'un se prolonge vers Millau, et l'autre vers Saint-Jean-du-Bruel. Mais ce qui n'est que trop digne de remarque, c'est que depuis plus d'un siecle, on n'y compte pas dix bâtimens neufs : au contraire, les yeux y sont attristés par l'aspect affligeant de plusieurs ruïnes.

S'il est impossible qu'on ait ailleurs moins d'industrie, qu'il n'y en a eu jusqu'à présent dans cette commune, peuplée d'environ deux mille ames, il l'est également qu'on y ait des mœurs plus douces, plus pures, plus propices à la paix, plus faites pour en faire goûter les charmes, et plus capables de dédommager ses plus ardens partisans des constantes rigueurs de la fortune. S'ils sont privés de ses faveurs, des vertus les

en

en consolent. Des ames simples n'ont besoin que de Dieu, et ce n'est qu'à lui seul, qu'en leurs murs, sont adressés les plus fervens hommages.

Si dans l'ivresse d'une révolution on n'est pas toujours maître de tous les mouvemens de son cœur, c'est du moins beaucoup de pouvoir s'écrier :

GRACES AU CIEL MES MAINS NE SONT POINT CRIMINELLES !

Et tandis que celle de France, la plus criminelle qui ait ensanglanté la terre, bouleversait par tout avec impunité les esprits, les consciences et les choses, Nant est resté toujours lui-même, inaccessible au plus affreux brigandage ; car *je crois pouvoir* affirmer dans ma reconnaissance la plus chère, que les habitans de cette Ville n'ont jamais cessé d'avoir en horreur ces systêmes affreux, ces ordres exécrables qui répandaient le sang et la terreur.

Etre vrai en parlant de leur vallon, c'est, pour ainsi dire, être Poëte malgré soi. Tout ce qui étonne, fixe et charme les regards, semble n'y avoir été prodigué avec tant de largesses, qu'afin que le voyageur sensible, enthousiaste des beautés de la Nature, y suspendît ses pas.

Rivière poissonneuse, pont hardi et antique, sources abondantes, claires, vives et intarissables ; prairies magnifiques, champs fertiles, grains et arbres de toute espèce, légumes excellens, variété dans les côteaux, rochers, torrens, cascades, sites et ombrages ravissans ;

tout enfin, oui, tout ce qui rend amant de la campagne, se trouve réuni dans ce charmant vallon ; et ce tout enchanteur ne peut mieux être jugé, mieux senti, qu'en arrivant à Nant *par la côte de la Liquisse*, d'où l'on découvre tour à tour les plus beaux points de vue.

D'abord, on apperçoit une riante vallée qui s'élargit, à mesure qu'on approche de la ville ; elle est arrosée par un grand ruisseau, qui en toute saison, dispense abondamment ses bienfaisantes eaux. Du pied de la montagne où il naît, jusqu'à l'instant où l'œil en est frappé, il y a une lieue, qu'il parcourt comme un serpent. Mais encore un moment, encore quelques ondoyans détours, et *Durzon* verra ses ondes tranquilles, divisées en plusieurs caneaux, aller dès-lors, tantôt en grondant, tantôt avec un doux murmure, traverser le vallon et la ville, et tourner irrégulièrement autour de Nant, où elles portent la vie dans l'humble jardin du pauvre, et l'abondance dans les somptueuses possessions du riche. Ici l'art, l'industrie et la nécessité s'emparent de lui, suspendent sa course, et l'on entend au loin les lourds marteaux qui *transforment* le cuivre. Après s'être précipité comme un torrent aux pieds des moulins dont le bruissement des meules broyantes, s'accorde avec celui de ses flots brisés, il paraît regretter par son murmure de ne pas voir encore utiliser ses eaux *.

---

* Je dois dire ici que, je n'ai remarqué nulle part, dans les divers Etats que j'ai parcourus, et on ne saurait trop le répéter pour celui qui cherche à placer son or à gros intérêts, des em-

Enfin, rendu à lui-même, il entre dans le lit de la Dourbie, et soudain leurs ondes se confondent, baignent les bords mousseux d'un pittoresque rocher de tuf, recouvert de lierre et d'églantiers, sur le dos duquel est située l'esplanade de la ville, parée des plus superbes ormes, que tout Français ne revoit jamais, sans éprouver les sentimens de reconnaissance et d'admiration qui sont dus à la mémoire de l'immortel Sully.

De cette promenade, on domine sur les rivages de la *Dourbie*, qui au milieu des richesses de la valée qui aboutit au village des *Cuns*, s'enfuit dans le Tarn. En face est le mont *Roc-d-Nant-és*, dont la roche sourcilleuse, à qui les siecles ont donné la forme d'une tour, semble être à la fois et le fort de la ville, et la couronne du côteau. Et à droite, en remontant de l'œil vers *Saucliere*, est une coline entièrement consacrée, sous les berceaux de Pomone, à Bacchus et à Cérés.

Mais achevons de descendre la côte de la Liquisse.

A mesure qu'on approche, il est impossible de ne pas être ravi de l'art que la Nature semble avoir mis dans la distribution des tournoyans contours du côteau. L'on dirait qu'elle s'est étudiée à ménager à l'observateur des surprises agréables, pour le dédommager du long ennui

---

placemens plus propices et plus nombreux qu'à Nant, par disposition du terain et l'abondance des eaux, pour y établ des Manufactures commodes et à peu de frais.

qu'il a dû éprouver en traversant les champs pierreux de l'âpre et immense plateau du *Larzac*.

En effet, à peine a-t-on découvert au dessous de soi, la campagne du Château de *Beau-voisin*, qu'il faut contempler Nant, qui du milieu de la plaine, où diverses masses de verdure paraissent s'empresser d'accueilir les arrivans, s'élève au dessus de la Dourbie, où l'on remarque un pont du même style et du même temps que le temple gothique qu'on distingue au centre de la ville. Si d'un côté les regards n'apperçoivent, entre Nant et la coline, qu'une rivière; de l'autre ils parcourent les jardins, les vergers, les enclos . . . . s'arrêtent avec complaisance sur le cultivateur, suivent le modeste et vivifiant filet d'eau, qui les ramène, à travers prés, à l'admirable Durzon, qu'ils reperdent et retrouvent, tour à tour, dans des forêts de noyers ou de pommiers, dont la campagne est par tout si couverte, que leur ombre se confond sur la terre ainsi que leurs rameaux dans les airs.

Parvenus au dernier détour de la côte, qui est le point le plus favorable pour admirer la magnificence de cette campagne, on apperçoit sur la croupe d'une des trois montagnes qui donnent au vallon la forme de l'*y* grec, le vieux hermitage de *Saint-Alban*, où tous les peuples des environs, depuis un temps immémorial, vont en procession au lever de l'aurore du Lundi de Pâques. Là, *de vrais Chrétiens*, prosternés autour d'un Autel rustique et au bord d'une source d'eau claire, *miraculeuse à certains yeux*, offrent en holocauste l'hostie sans tache,

D'un instant mystérieux reçoivent mille graces, leur cœur se dilate et semble déjà jouir de l'éternité bienheureuse.

Le soir, chacun rentré chez soi, rangé autour d'un humble foyer, commente le simple discours du zélé Pasteur qui la prononcé. Les enfans, qui sont naturellement curieux, qui redemandent toujours la raison de la raison, veulent, après avoir parlé du repas frugal qu'ils ont fait sur la montagne, dont ils croyent encore voir tout l'horizon, qu'on leur dise pourquoi et depuis quand l'on va à *Saint-Alban*, et ce qu'était qu'Alban. Pour lors la bonne grand-mère s'empresse de prendre la parole, et raconte qu'on ne se souvient pas de l'époque où commença l'usage de cette Procession ; mais qu'il *est certain* que le SAINT fait naître sur la montagne l'eau merveilleuse que l'on y boit, qu'on regarde comme un remede *spécifique* pour les maux d'yeux ; et qu'on ne sait que par tradition que *Saint-Alban* était le frère de *Saint-Guiral* et de *Saint-Sulpice*, qui donnerent leur nom aux trois montagnes où ils établirent leur religieux asyle, et où vraisemblablement leurs cendres reposent. Ils ne correspondaient, ajoute-t-elle, que par des feux qu'ils allumaient à des heures convenues ; et lorsqu'un d'eux cessait deux fois de suite de faire briller devant sa porte la flamme de leur tendre amitié, les deux autres jugeaient que leur frere était malade, et se mettaient aussitôt en route pour aller prodiguer à son corps, à son ame les secours, les soins et les consolations nécessaires pour le tems et pour l'éternité.

Le pays dont je viens de ne donner qu'une faible esquisse, n'était autrefois qu'un vaste marais ; et le nom de la ville (Nant), qui dérive du latin, semblerait l'indiquer suffisamment, si d'ailleurs on ne savait point que ce furent les Bénédictains qui le desséchèrent en creusant des caneaux, et en dirigeant le cours de Durzon. C'est donc encore à eux seuls, à qui l'on doit les richesses de cette autre Tempé.

FIN des Notes.

ESSAI
SUR
PÉTRARQUE.

ESSAI

SUR

PÉTRARQUE,

OU

PÉTRARQUE RÉDUIT

A SA JUSTE VALEUR.

Le monde n'a jamais manqué de Charlatans.

LA FONTAINE.

1809.

AVERTISSEMENT.

Je vais considérer *Pétrarque, comme* Amant, Poëte, Politique *et* Philosophe, *m'engageant à prouver que les Vers suivans, que j'ai lu au bas d'un de ses portraits, sont quatre faux témoins*:

>Du Philosophe LE PLUS SAGE,
>Du Poëte LE PLUS SAVANT,
>Ainsi que du FIDELE AMANT,
>Pétrarque est LA PARFAITE IMAGE.

J'ai écrit cet Essai, *après avoir relu plusieurs vies de Pétrarque; mais c'est principalement sur les Mémoires volumineux de* Mr. l'Abbé de Sade, *que j'établis mes raisonnemens, pour tirer d'erreur ceux qui sont les partisans et les admirateurs de Pétrarque.*

Quel que soit l'enthousiasme de Mr. l'Abbé de Sade, *pour cet homme singulier, qu'il loue lors même qu'il devrait rougir de l'excuser, il n'en est pas moins vrai, qu'il eût fallu plus que du talent et de l'adresse pour le soustraire aux atteintes du blame et du mépris ; et ceux à qui ces expressions paraîtront injustes ou trop fortes, je me bornerai à les prier de lire, avec attention, les Mémoires dont je parle, qui renferment une compilation des nombreux Biographes de Pétrarque, et une traduction d'une partie de ses oeuvres.*

AVERTISSEMENT.

Si ce qu'ils contiennent est vrai, mes réflexions le sont aussi, et on aurait tort de me savoir mauvais gré d'appeller un Chat, un Chat et Rolet un Frippon.

Je dirai même, que la crainte de m'embarquer dans un trop long ouvrage, m'a fait passer sous silence des choses, aumoins, aussi révoltantes que celles que je cite, et qui sont également faites pour indigner.

Si dans quelques passages, le Lecteur, subtilisant sur tout, donne de l'étendue et de la hardiesse à mes réflexions, je ne dois point en être responsable; mais qu'elles que soient ses diverses interprétations, je resterai convaincu qu'on est bien fort quand la justice, d'accord avec sa propre conscience, nous fait sans crainte et d'un oeil calme envisager la mort même et son redoutable avenir......

> Oui ! quel est le tyran dont la rage insensée
> Peut commander à l'ame et punir la pensée,
> Du dernier de ses droits dépouiller le malheur;
> Des liens du silence enchaîner la douleur,
> Transformer en complots des soupirs légitimes,
> La prière en révolte et les larmes en crimes *.

Non, je n'invoquerai pas l'indulgence de mes compatriotes, car n'ambitionnant aucune louange, aucune gloire littéraire, je desire seulement, et j'ai

---

* Les tombeaux de Saint-Dénis, Poëme élégiarque.

AVERTISSEMENT

droit de l'espérer, qu'ils ne méconnaissent point l'intention qui m'a mis la plume à la main, ni le zèle qui me porte à publier un Ouvrage, qui, depuis plus d'un an, était dans mon porte-feuille, qui, peut-être, n'en fût jamais sorti, si l'Athénée de Vaucluse eût eu égard aux représentations que je fis à plusieurs de ses Membres, pendant mon séjour à Avignon . . . .
. . . .
. . . .

Ici, les bienséances enchainent à la fois ma pensée, ma vengeance et ma plume, qui ne reprend son essor que pour assurer que je ne saurais mauvais gré, à quelque Aristarque que ce puisse être, d'exercer l'équité de sa critique sur cet Essai, si d'ailleurs on rend hommage à la pureté des principes qui en font tout le prix, et où l'on ne peut, sans injustice, ne pas reconnaitre le coeur d'un bon Français, qui est à nos yeux le premier de tous les titres !

Une certaine classe de Lecteurs, que charitablement je me dispense de qualifier, feuilletant, cet Essai, avec l'esprit de parti qui les caractérisent, tomberont sans pitié sur son extrême imperfection. Qu'ils ne se gênent point ; je le leur livre sans avoir envie de leur faire prendre le change, ni sur ce qu'il exprime, ni sur le peu de talent qu'il récèle. S'il ne se défend point, ce serait vainement que je broyerais du noir pour le faire apprécier. Un Ouvrage quelconque n'a pas de plus grands amis ou de plus grands ennemis que lui-

AVERTISSEMENT

même. Mais quoi qu'il en puisse être pour celui que je livre aujourd'hui à la censure publique, mon coeur jouira de ses motifs et de la satisfaction de ne point entendre murmurer contre moi, ni l'Imprimeur, ni le libraire.

ESSAI

SUR

PÈTRARQUE.

François Pétrarque, nâquit à Arezzo le 20 juillet 1304. fils d'un Notaire, appellé *Pierre Pétracco*; qui fut contraint à s'expatrier lors du triomphe des *Guelphes* sur les *Gibelins*, ou des *noirs* sur les *blancs*. Ces dénominations désignaient les partisans armés de l'Empereur, contre ceux du Pape.

L'esprit de faction se plaît à se cacher sous des noms empruntés, espèce *d'incognito* qui ne le met point à l'abri de la haine ni des revers.

Pierre fut d'abord, avec son épouse et son fils François, dans la valée d'*Arno*, à quatorze mille de Florence. Ce fut en passant ce fleuve, que Pétrarque, dès ses premiers souffles de vie, faillit périr. Sa mère l'avait confié à un homme, qui le portait au bout d'un bâton comme un agneau. Ce n'est pas là le trait d'une mère tendre, qu'un rien allarme, qui est toute tremblante à la seule idée du danger que son fils peut courir. Que de leçons, que d'exemples, dans tous les genres, de devoir et de vertu les animaux ne donnent-ils pas à l'homme? Comment ne point se rappeller ici la vigilante sollicitude de cet oiseau domestique, qui trompé par son amour, dupe de son erreur, s'agite sur le rivage, exprimant par ses cris, par tous ses mouvemens la crainte la plus vive et l'amour le plus vrai. Je ne dirai rien du Sarigue, il nous est trop étranger, sinon qu'il a fait dire à Floriant que

L'asyle le plus sûr est le sein d'une mère.

Pierre étant proscrit, ce n'était qu'à la faveur de la nuit qu'il allait voir sa famille : ce fut dans le cours des visites nocturnes qu'il lui fit, pendant les sept années qu'elle resta dans cette valée, qu'il l'accrut d'un second fils. Enfin perdant l'espoir de rentrer dans son pays, il s'expatria, et arriva à Avignon sous le regne du souverain Pontife Jean XXII (1).

Le

Le vaisseau qui portait *Pierre* et sa famille, fit nauffrage à l'entrée du port de Marseille. Tout l'équipage faillit périr; mais la *Muse* et la *Nymphe* de Vancluse sauverent tout, et arriverent à Avignon en 1313, où on leur prodigua toutes les attentions de l'hospitalité; mais qui ne furent dans la suite, pour le fils, qu'un sujet continuel d'ingratitude et de déclamations.

Pétrarque fit ses premières études à Avignon et à Carpantras; et c'est là dessus que se fondent certains Français, pour revendiquer, sur l'Italie, sa gloire littéraire.

Il est vrai que rien n'influe sur les destinées de l'homme, comme la trempe qu'on donne à l'esprit et au cœur, par les premières impressions de l'éducation : de sorte qu'on ne saurait trop surveiller les parolles et les actions des enfans. L'on est toujours à temps à leur apprendre, n'importe quelle science que ce puisse être; mais on ne l'est pas de leur faire éprouver *telle sensation*, qui doit jetter dans leur ame les germes les plus précieux, qui doivent les enflammer de l'amour de la gloire, et des devoirs envers soi-même et la société.

Un cœur, qui est ainsi préparé, devient le mobile des plus belles actions; sinon il végette dans l'obscurité, mais du moins c'est celui d'un honnête homme ; et ce ne fut point avec de tels principes et de tels soins que Pétrarque fut élevé. Un grand homme n'est pas l'ouvrage des hommes ; c'est celui de la nature, des circonstances et du temps. Mais l'honnête homme, qui est celui dont la société ne peut se passer, quoique cependant elle en compte *si peu*, n'est, à proprement parler, que le résultat de l'éducation. Nous n'avons pas toujours sept, huit, neuf, dix ans ; et pourtant ce sont les années les plus fertiles de la vie, puisque ce sont elles qui reçoivent la semence d'une éternité de peines ou de bonheur : elles doivent être, pour la mère sur-tout, un sujet continuel de sollicitudes, d'observations et de méditations. Qu'importe qu'un enfant marche avec grace ? C'est la marche du cœur qu'il faut suivre sans cesse, et surveiller de manière à prévenir le moindre faux pas. Rien de si aisé, si la tendresse maternelle est exempte de faiblesse, et si elle ne confie la garde de l'objet de son amour et de ses espérances, qu'à des personnes mûries par l'âge. Qu'on se posséde bien soi-même, et on lui donnera cet à plomb et cette dignité qui en imposent, et qui font mériter les hommages que l'estime force à rendre en tout temps et en tous lieux.

Pour parvenir à ce but, il faut accorder de de bonne heure aux enfans, la considération qu'on ne doit qu'à l'âge et au mérite. Alors la vieillesse même influencera de ses droits et de son expérience l'étourderie de la jeunesse et la fougue des passions.

L'éducation des anciens avait un autre avantage sur la nôtre : elle ne se démentait presque jamais. Epaminondas, la dernière année de sa vie, disait, écoutait, voyait, fesait les mêmes choses, dit Montesquieu, que dans l'âge où il avait commencé d'être instruit. Aujourd'hui nous recevons trois éducations différentes ou contraires, celle de nos pères, de nos maîtres, celle du monde. Ce qu'on nous dit dans la dernière, renverse toutes les idées des premières. Cela vient, en quelque partie, du contraste qu'il y a parmi nous, entre les engagemens de la religion et ceux du monde, chose que les anciens ne connaissaient pas.

Mais sans chercher les détails de l'éducation de Pétrarque, on n'a qu'à répondre aux Italiens qui se l'approprient entièrement, que Laure était française, que ce fut au feu de ses regards que son génie poétique s'enflamma, et que lui seul a fait passer jusqu'à nous les noms de Pétrarque et de Laure.

Il ne la connaissait point, lorsqu'il eut envie d'aller voir Vaucluse, dont la source était déjà célèbre. Il en demande la permission à sa mère, qui restait avec lui à Carpantras ; par conséquent, il n'avait que deux lieues à faire pour y parvenir : mais dans ce temps-là, deux lieues étaient, dans l'imagination, un grand voyage, sur-tout pour le cœur d'une mère. Il part à cheval, en croupe derrière un domestique, accompagné de *Gui-Settimo*, et arrive à Vaucluse. Cette source, merveille incomparable de la nature, le ravit : *ce séjour*, dit le jeune Pétrarque, *est enchanteur ; si j'en suis jamais le maître, je le préférerai à celui des plus grandes villes*. De sorte que ce fut moins l'amour, qui, dans la suite, l'y conduisit, que cette première impression, qui, comme toutes celles de la jeunesse, fut inéffaçable. J'en conclus donc que ses poésies italiennes ont été plutôt dictées par l'amour de la célébrité que par celui de Laure ; car ce qu'il a dit depuis de Vaucluse, ne permet pas d'en douter : *J'ai trouvé tant de douceur, une tranquillité si délicieuse, que je crois n'avoir vécu que le temps que j'y ai passé. Tout le reste de ma vie n'a été qu'un supplice continuel.*

Ce fut le lundi de la semaine sainte, à six heures du matin, que Pétrarque vit, dans l'église des religieuses de Sainte-Claire, la fille d'Audibert de Noves, issue d'un sang illustre, si l'on en croit Pétrarque. Elle était parée d'une robe verte, parsemée de violettes, et coëffée en cheveux, à peu près comme les Dames le sont aujourd'hui.

D'après tout ce qu'on a écrit sur cette femme, que les Dieux de Pétrarque ont rendue si célèbre, je me la représente réunissant les charmes de la pudeur, de la jeunesse, des graces, à la perfection de la taille et des traits, pleins de finesse et d'agrémens. Tout cela, et *ce fameux je ne sais quoi*, qu'on sent toujours et qu'on ne définit jamais, formait une beauté accomplie ; aussi séduisante par les attraits de l'esprit et du cœur, que par les puissans appas dont sa personne était favorisée. Ses yeux brillans, qu'embélissaient deux arcs d'ébene, que Pétrarque a si souvent chantés, contrastaient, à ravir, avec l'or de ses cheveux et le lis-rosé de son teint. L'expression de sa phisionomie, la modestie de son maintien et la douceur de sa voix n'étaient, dans leur perfection, que le reflet de son ame. Telle est l'image que je me fais de l'épouse de Hugues de Sade, de l'amante de Pétrarque, de la belle des belles.

Avant de l'avoir vue, Pétrarque *était plus fa-*

rouche qu'un cerf ; l'amour encore n'avait pas daigné habiter son coeur. Par ces paroles il se peint sous les traits d'un Hyppolite ; mais quand on songe que l'exagération de ses expressions, est l'effet d'un esprit ardent, impétueux, plutôt que d'un amour tendre et sincère, on est plus tenté d'en rire que d'en être ému.

Quelques-uns de ses Biographes et plusieurs de ceux qui les ont commentés, font naître Laure dans des villages voisins d'Avignon ; les uns à *Graveson*, à *Cabrieres*, d'autres au *Bourget*, etc. : ils se fondent sur un sonnet de Pétrarque, où il dit : « Que Dieu qui se plaît à élever ce qui est humilié, n'a pas cru devoir naître à Rome. Il a voulu faire cet honneur à un village de Judée. La même raison l'a déterminé à faire naître dans un petit bourg, un astre brillant, qui honore la Nature et le lieu qu'il a éclairé en venant au monde ».

Ils auraient dû en conclure, seulement, qu'elle n'était point née à Avignon* ; mais ils déraisonnent si complettement sur le compte de ces deux

---

* VELLUTELLO donne pour certain que Laure naquit à Avignon le 4 Juin 1314, et doute si elle n'est pas fille de Henri Chiabau.

amans, qu'ils prodiguent l'adulation à l'un, et qu'ils poussent la folie jusqu'à nier la beauté et l'existence même de l'autre. Ce qui est aussi étrange que de s'en occuper aussi long-temps qu'on l'a fait.

Pétrarque, trahi par l'espérance, se peint dans son amour, comme le plus malheureux de tous les hommes. Et ce fut le moment où il vola à Vaucluse pour y trouver quelques consolations. Vainement en eût-il cherché sur les rivages de ce lieu solitaire, s'il n'eût pas aimé la gloire plus que Laure, et les lettres plus que les honneurs. Sans cela, comment croire qu'il eût pu s'arracher d'Avignon? Car pour aller demeurer à Vaucluse, il faut s'être brouillé avec le genre humain. Les livres, les grottes, les rochers, les montagnes furent les orgueilleux consolateurs de sa douleur.

« Mes yeux qui n'ont vu, dit-il, que trop de charmes à Avignon, n'apperçoivent plus que le ciel, les rochers et les eaux. Ici je fais la guerre à mes sens et aux hôtes des bois; échappé des pieges de l'amour, je tends des filets aux poissons. La seule femme qui s'offre à mes regards, est une servante noire, seche et brûlée comme les déserts de la Lybie. Les sons mélodieux des voix et des instrumens, ne chatouillent plus mes oreilles; je n'entends que le mugissement des taureaux, que le bêlement des agneaux. D'un côté, ce sont les oiseaux qui gazouillent : de l'autre, ce sont les flots qui grondent ou qui murmurent. Les figues et les raisins, les amandes et les noix, voilà mes délices ; et souvent le pain noir de mon valet me suffit. Si j'en reçois de blanc, je le donne presque toujours à celui qui l'apporte. Ma parure est un habit grossier et champêtre. Ma maison ressemble à celle de Fabrice ou de Caton ; mais rien de si agréable et de si singulier que mes deux jardins. *Je suis indigné* qu'il y ait quelque chose de semblable hors de l'Italie : je l'appelle mon Parnasse transalpin. Ici, point de tyran qui nous menace, point de citoyen qui nous morgue, point de langue mordante qui nous déchire, point de grands seigneurs à qui il faille faire la cour en tremblant ; tout y respire la joye, la simplicité et la liberté. Le peuple est innocent, facile et sans armes. Le seigneur est bon et affable ; l'air sain et les vents doux. Combien de fois à minuit, après avoir *dit mon office*, ai-je été me promener seul, sur les montagnes au clair de la lune ? Combien de fois à midi, ne suis-je pas entré dans cet antre terrible, impénétrable aux ardeurs du soleil ? Un petit pont le sépare d'un jardin agréablement

blement cultivé, qu'environnent les eaux de la Sorgue. Le matin, j'erre sur les coteaux; le soir, je visite les prés, où ce jardin plus éloigné de ma maison, plus voisin de la source, plus agreste que le premier, au milieu des eaux comme lui, et couvert d'un rocher inaccessible.... »

Ce récit est simple et mélancolique; il renferme des charmes qui intéressent également l'esprit et le cœur. Mais cela n'empêche pas qu'on ne s'apperçoive que le pauvre Pétrarque extravague, lorsqu'il s'indigne de trouver, en France, quelque chose de trop joli pour elle. Eh! que ne retournait-il en Italie, puisque le voisinage d'Avignon empoisonnait, s'il faut l'en croire, ses jouissances les plus chères? Ce qui n'est pas moins inconséquent, c'est de dire son office dans un temps où il trouvait qu'il n'y avait que l'amour, Laure et lui dans l'univers. Car on ne put jamais dire de lui avec vérité, ce que Madame de Sévigné disait de Racine: *Il aime Dieu, comme il aimait ses maîtresses.* S'il faut l'en croire, tous les ans, au mois d'avril, le souvenir de son inhumaine, arrachait de ses yeux un torrent de larmes. Si ce n'était pas *des vapeurs*, c'était bien de la folie, à moins que son cœur ne fût soumis, comme la fontaine de Vaucluse, à l'influence de l'équinoxe. Il fallait qu'il en fût de l'amour, dans son siecle, ou plutôt dans son cœur, ainsi que du feu du ciel dont les effets sont incompréhensibles.

Il nous dit, dans un Madrigal, qu'ayant rencontré une fille des champs, qui lavait un voile de Laure, il trembla de tous ses membres, comme il aurait pu le faire dans le plus fort de l'hiver.

Quand l'imagination est fortement occupée d'un objet quelconque, toutes les sensations qui lui sont relatives, sont possibles et ne sauraient me surprendre; mais ce que je trouve d'inconcevable, c'est qu'un homme sensé s'amuse à en entretenir le public, sur-tout lorsqu'elles ne sont pas de nature à l'intéresser.

Mais pour mettre tout cela à sa véritable place, disons que c'est plus poétique qu'historique : car ses larmes, ses soupirs, ses tremblemens et ses vers ne partaient que de sa tête, extraordinairement exaltée. Un véritable amant agit davantage et n'écrit pas tant. Laure le pensait de même, à moins qu'elle ne différât des autres femmes......

Elle lui dit un jour : *Vous êtes sans cesse dans les bois, et quand vous en sortez, vous gardez un morne silence ; ô c'est être trop sauvage! Vous fuyez vos amis, avez-vous perdu la parole?*

vous etes bientôt las de m'aimer..... Que de coquetterie, que de faiblesse, que de fautes dans si peu de mots !...

« Non, Madame, lui répondit Pétraque, non, je n'ai pas cessé de vous aimer ; mais je suis honteux de pleurer comme un enfant. Je ne veux point mourir pour une ingrate, vous ne jouirez pas de ce triomphe. Laure, mon amour est au fond de mon cœur. Il attend le vôtre, dites un mot et vous le verrez s'élancer plus ardent que jamais. Mais si votre fierté prétend que j'aime seul, si vous goûtez un barbare plaisir à déchirer un cœur qui vous aime, et à vous rassasier de mes tourmens et de mes larmes, oui, cruelle, je me lasserai de rallumer les feux que vous aurez éteints ».

L'artifice de Laure était dévoilé, il commençait à la connaître ; et dès lors, *il dut agir avec plus de succès*. Mais s'il parut consolé de son indifférence, qui n'était que mensongère, c'est qu'il ne sentait plus aussi vivement pour elle, l'aiguillon des passions, ou le *besoin* de faire des vers. Cependant, avec le temps, nos deux amans se rapprochèrent et se comprirent. Un jour, et quel jour ! qu'il dut être divin ! Il est toujours beau lorsqu'il l'est pour la rose, il se sentit la main cœur humain soit toujours le même, du temps de *Lucrece*, comme de celui de *Charlotte Cordé*, on n'a généralement osé prononcer que sur la coquetterie de Laure, qu'on ne saurait trop blâmer.

Il est des femmes qui ne demandent aux hommes que de flatter leur vanité ; d'autres qui n'aiment, qui n'adorent qu'elles-mêmes. Pour parvenir au cœur de celles-là, il n'est qu'une route, celle de la flatterie ; et quelque dégoûtante que soit l'adulation qu'on leur adresse, on peut être assuré qu'elle sera accueillie : leur aveuglement est si *heureux*, si grand, qu'elles ne se méfient pas plus des protestations qu'on leur fait, des fadeurs qu'on leur débite, que de leurs attraits, quelque mensongers qu'ils soient la plupart du temps. Pour elles tout est vrai, tout est bon et tout réussit. Il en est encore d'autres dont l'orgueil et l'amour-propre se font un jeu, un plaisir des tourmens que nous causent leur adresse et leurs appas. Mais quelle idée peut-on avoir de celle, qui se complaît à désoler, à la fois, son amant et son époux !

Si les Poëtes, qui presque toujours battent la campagne pour une rime, et qui prodiguent à tort et à travers les fleurs et l'encens ; qui défendent avec la même chaleur le vertu et le crime, l'oppresseur et l'opprimé (4), avaient puisé dans la Biographie de ces illustres amans, et non dans l'exaltation du plus tendre *délire*, ils eussent parlé de Laure et de ses amours avec plus de réserve et moins d'immoralité.

L'Athénée de Vaucluse, donne pour preuve de la vertu de Laure, les soupirs respectueux de Pétrarque, de cet amant lamentable, si dupe et pourtant amoureux; ou du moins faisant semblant de l'être : car je serais tenté de croire qu'il voyait plutôt dans Laure, sa Muse que son idole ; ce qui me ferait dire qu'il agissait envers elle comme les Philosophes à l'égard de la religion, à laquelle ils prodiguent les plus sublimes louanges ou les plus absurdes critiques, suivant que l'une ou l'autre grossit le volume et fait valoir leur esprit.

Mais ce n'est pas le moment de fixer sur lui notre attention, quoique foulant le sol que ses pas ont touché. Au contraire, je m'avoue coupable d'avoir suspendu, pour une vaine poussière, l'enthousiasme de mon admiration.

Continuons d'avancer vers la source.

Un nuage ténébreux dérobe le soleil à Vaucluse; le jour, à son midi, paraît être à son déclin, et les ombres ne semblent se rembrunir, que pour faire ressortir d'avatage le tableau d'horreurs, que les rochers déroulent à mes regards, pour enchaîner tous mes pas... Quelle terreur soudaine s'empare de moi ? Eh, quoi ! j'hésite ! serais-je aux pieds du Tribunal incorruptible de l'Eternel ?... Mais que vois-je ? Ah ! *Barbares*, qu'avez-vous fait ? Ici tout ne parle que de Dieu, et vous y avez consacré le nom d'un homme ? Hâtez-vous de renverser cette orgueilleuse et détestable Colonne; qu'elle mesure la profondeur de l'abyme ! Vous

Mais les désirs sont la pâture
D'un cœur que vous avez blessé.
Ce cœur gémit, souffre, murmure,
Et porte, hélas! dans sa blessure,
Le trait que vous avez lancé.

Qui croirait, qu'un amant aussi tendre que l'est Pétrarque dans ses vers, qui fait parler un enfant comme un Dieu, et qu'on nous peint comme un modèle de fidélité, ait eu à rougir d'un tort envers Laure ? « Il était, dit-on, dans cet état violent... lorsqu'il opposa l'amour à l'amour, ou plutôt les désirs aux sentimens, le simple goût à la passion, les sens au cœur. Il eut une intrigue galante. Sa nouvelle maîtresse ne fut point cruelle, et *porta deux fois* les marques de sa complaisance. * Pétrarque, honteux, confus déchiré de remords, et *toujours passionné* pour Laure, (ô c'est trop fort, Mr. l'abbé !) s'arracha à l'objet de son amour comme à celui de ses galanteries. Il partit pour l'Italie. A l'aspect de cette terre chérie son génie s'enflamme, et dans des vers qu'il adresse à son ami, l'Evêque de Lombés, il peint son amour et son cœur ».

---

* Je dirai ici, avec Saint-Chrysostome, écrivant à Eutrope, QUE LES BLESSURES QUE FAIT CELUI QUI AIME, VALENT MIEUX QUE LES BAISERS TROMPEURS DE CELUI QUI HAIT.

Loin de vouloir l'excuser comme *l'abbé de Sade* vient de le faire, qu'il me soit permis, néanmoins, d'observer que le cœur peut rester fidèle, quoique le corps cesse un instant de l'être ; car pour satisfaire sa faim avec un fruit quelconque, on n'en aime pas moins le pain de chaque jour. Malgré cette réflexion où les sens ont plus de part que le sentiment, je le répéte, il fut très-coupable et non pas *trop soumis*, comme certains historiens ont eu l'impudeur de le dire : entr'autres l'abbé Roman, qui à travers *le manége de Laure*, expression dont il se sert, distingue qu'elle ne fuyait que pour être suivie. Je le crois aussi; mais j'en tire d'autres conséquences, et je ne m'arrête pas à ce qu'elle dit un jour à Pétrarque : *vous me connaissez mal, je vous ordonne de vous taire et vous défends de me voir.* Si chaque instant de sa vie eût été l'écho de ces paroles, Pétrarque n'aurait pas fait, aussi long-temps, retentir Avignon de ses soupirs, et dès lors son amour-propre eût cessé de faire rougir celui de Hugues de Sade ; mais sans doute que ce jour-là, sa femme-de-chambre l'avait mal coëffée, ou que Pétrarque était arrivé trop-tôt.... ou trop tard....

C'est sur de pareilles phrases, échappées dans un instant de caprice et d'humeur, qu'on a cherché à établir une réputation à l'abri même du soupçon. Mais les vingt ans d'assiduités, à quelques bouderies près, détruisent tous les comentaires de ce genre, où l'on n'aspire pas moins, qu'à nous prouver le possible dans l'impossible. Car, pour me servir des expressions de Montaigne, je ne crois pas qu'il en fût de Laure ainsi que de Diane, *que les Poëtes font victorieuse du brandon et des fléches de Cupidon.*

Quant au Poëte, il avait plus de vanité que d'amour; il était envers sa belle, ce que le caprice, les circonstances ou le hazard, qui mettaient en jeu sa vagabonde imagination, voulaient qu'il fût. Il est prouvé que Laure n'est point la seule femme qu'il ait aimée; et je suis convaincu que beaucoup de vers, qu'on pensait être faits pour elle, avaient été inspirés par d'autres...

Ce Quatrain *, qui est l'envoi d'une Chanson, en est une preuve incontestable.

> Je n'ai servi que pour Rachel,
> Lia fût elle encor plus belle,
> Je ne voudrais monter au ciel
> Sur le char d'Elie avec elle.

---

* Trad. de l'Abbé Roman.

Cette Lia, d'après l'opinion de quelques historiens, était l'objet aimé ; mais rien ne l'annonce affirmativement. Pourquoi n'en a-t-il pas parlé davantage, ou pourquoi l'eût-il appellée *Laure* dans ses vers ? Ce ne peut être qu'une conjecture de la part de ceux qui préconisent ses désordres les plus grands, et qui font même, des choses les plus insignifiantes, une affaire de parti, sans s'inquietter si la vérité en souffre ; qui n'a pour eux des attraits qu'autant qu'elle favorise leur style et fait valoir leur esprit, au moment où les passions, d'un aveugle égoisme, lancent les traits d'un cœur imposteur.

Mais pour en revenir à la véritable Laure, il serait bien étrange que l'amour ayant fait moissonner tant de lauriers à son amant sur les bords du Permesse, ne lui eût pas permis, soit par caprice, pitié ou sentiment, de cueillir un seul rameau de mirthe sur les rives du Rhône, où le Dieu du jour allume constamment, dans tous les cœurs, le feu vivifiant du plaisir ! Comment pouvoir penser le contraire ? On en jugera par cette pièce de vers *.

---

*. S. CCXX. Cercato ho sempre solitaria vita... (Trad. de l'abbé Roman, conforme à celle de l'abbé de Sade.

J'aime la solitude et la cherchai toujours;
Vous le savez, ô bois, ô rive de Vaucluse!
J'y fuyais ces esprits faux, aveugles et sourds,
Que la vérité blesse et le mensonge abuse.
  Si mes vœux étaient satisfaits,
De mon pays natal oubliant tous les charmes,
Tu me verrais encor sur tes rivages frais,
O toi, que si souvent je grossis de mes larmes,
Sorgue, où je soupirai mes vers et mes regrets;
Mais d'un astre fatal l'influence maligne,
Me rejette en ces lieux * où mon ame s'indigne
De voir mon cher trésor DANS LA FANGE AVILI.

Quel heureux souvenir! mon cœur a tressailli :
Cette main qui t'écrit, ô mon aimable Laure,
  A trouvé grace devant toi....
  Et de plaisir palpite encore.
  Ah! que l'univers l'ignore!
NOUS LE SAYONS TOUS TROIS, LAURE, L'AMOUR ET MOI.

C'est assez clair.... Malgré cet étrange aveu, fait à l'Europe entière, quel tour de force les commentateurs n'ont-ils pas cherché à faire, pour détourner de Laure les mortelles atteintes que ces vers portent à sa réputation.

La manie de faire imprimer des phrases, et souvent le besoin de les échanger pour un morceau de pain, fait délirer beaucoup de gens de lettres, sur tout ce qui fixe leur attention.... Mais

---

*. A Avignon.

gardons-nous bien de ne pas nous laisser entraîner par les torrens de leurs plumes, car ils conduisent trop souvent dans des mers inconnues, pleines d'écueils, qui toujours sont à côté des plus profonds abymes. Tenons-nous en ici à Pétrarque et à Laure, qui sont l'un et l'autre des exemples assez frappans *de nos erreurs et de notre faiblesse*. ...

Comment concevoir à présent que Mr. l'abbé d'Expilly, dans son romanesque Dictionnaire des Gaules et de la France, article Avignon, ait pu affirmer que les 318. Sonnets que Pétrarque composa pour Laure, soient *tous à sa louange* ? Déshonorer une femme, est-ce la louer ? Sa charité chrétienne va jusqu'à nous assurer, *que cette aimable et vertueuse personne qui plut, ne perdit rien de son mérite non plus que de sa réputation.*

Je ne suis point surpris, que Messieurs de Sade, d'Expilly et Roman, puisqu'ils n'étaient que *des abbés*, car puis-je croire qu'ils eussent prêté une oreille *toute puissante* aux faiblesses du cœur humain, dès qu'ils ne le connaissait pas mieux, ne fussent qu'à l'a, b, c, de l'histoire de Laure, ainsi que tant d'autres de leur état, que j'aurai, peut-être, occasion de nommer.

Les mécontentemens de Hugues de Sade, époux de Laure, que les historiens n'ont pu nous taire, et les confidences criminelles de Pétrarque, me confirment dans mon opinion, et me font applaudir avec Montesquieu, à la loi romaine, qui voulait que l'accusation de l'adultaire fût publique. Elle était, dit-il, admirable pour maintenir la pureté des mœurs. Elle intimidait les femmes, elle intimidoit aussi ceux qui devaient veiller sur elles.

Nous flétrissons, dit *Mr. Mestre*, celui qui vole un centime dans la poche de son ami ; s'il ne lui prend que sa femme, ce n'est rien.

Pourquoi ce n'est-il rien ? Parce qu'il est trop peu de femmes qui puissent s'écrier avec Cornelie : *Aucune tache n'a souillé ma vie ! depuis l'hymen jusqu'au bucher, j'ai vécu pure entre les deux flambeaux.*

Dans l'Histoire de l'Eglise gallicane, il est des auteurs qui prétendent que Vaucluse fut l'écueil de la vertu de Pétrarque, qu'il s'y occupa d'une passion criminelle, et que son génie poétique se dégrada jusqu'à chanter des feux prophanes.

Qu'eût-il donc fait à Avignon ?.... Ils n'ont pas plus raison qu'Ovide, quand il dit :

« Mortel par l'Amour agité,
Evitez retraite profonde,
Dans la foule, au milieu du monde
Vous êtes plus en sureté. »

Il ne peut rien y avoir de plus dangereux, que les occasions fréquentes de faillir : un jeune homme les trouve dans le monde. Un seul regard d'amour, un seul écu de gain, un seul mot applaudi peuvent, non-seulement, l'égarer, mais le perdre pour toujours.

Les premiers pas que Pétrarque y fit, furent marqués par des succès.

« Le sentiment intérieur de ce que je valais, m'inspirait, dit-il, cette confiance de la jeunesse, cette présomption, qui fait croire qu'on est digne des plus grands honneurs, et qu'on peut prétendre à tout. »

C'est précisément cet amour-propre, presque toujours frappé d'aveuglement, qui fait que le monde est plus dangereux que la retraite la plus profonde, quelle que soit la passion dont notre ame soit dominée.

Lorsque Pétrarque fut rester à Vaucluse, il était déjà épris des beaux yeux de Laure ; si c'eût été la résidence de son amante, c'est tout ce qu'on aurait pu dire, *que ce fut là l'écueil de sa vertu, et qu'il s'y occupa d'une passion criminelle.* Il nous apprend cependant lui-même, qu'il y écrivit ses *Bucoliques*, les deux *Livres de la vie solitaire*, et que la plus grande partie de ses ouvrages y furent commencés ou achevés. Croit-on que s'il eût été fortement épris des charmes de Laure, il y eût chanté les exploits de Scipion l'Affricain ?...

Si l'on me demandait quel était le plus coupable de ces deux amans, je serais fort embarrassé de répondre. Je dirais que l'un portait le trouble dans une famille, qu'il affichait aux yeux de l'Europe entière ; et que l'autre trouvait de la jouissance dans les allarmes qu'elle causait à son époux, et dans les tourmens qu'elle faisait souffrir à son amant : *et ils devaient être bien grands*, car Pétrarque se fût détruit, *si la crainte de Dieu* n'eût arrêté son bras.

Il eût dit vrai, s'il eût dit que c'était la *raison*, parce que ce n'est jamais que la folie, le délire qui nous fait avancer l'heure de notre mort. Si cela avait été là crainte de Dieu, elle eût également arrêté sa plume, ses soupirs et ses désordres ; mais c'était plutôt quelques lueurs d'espoir pour la victoire ou la vengeance....

A la journée de Cérisolles, le Comte d'Anguien,

croyant que la fortune allait trahir sa valeur, essaya deux fois de se détruire (3); et par précipitation et par égarement, se fût privé de la jouissance d'une si belle victoire. Et Pétrarque, ainsi que ce héros, faillit avoir le même tort; tandis que, qelques jours plus tard, il se félicita de vivre encore. Après un tel danger, Laure, loin de chercher à le guérir, lui disait tout bas, avec les accens du sentiment, qui toujours sont *en accords* avec les regards les plus tendres, *qu'avez-vous; vous m'affligez.... Vous voulez être aimé. Eh! ne l'etes-vous pas?* Cependant elle l'avait accablé de douleur et plongé dans la plus noire tristesse.

O Laure! soyez donc conséquente! il me semble entendre son ombre me répondre : *Je le fus, j'étais femme*, et femme sensible! pouvais-je ne pas l'être ?

En supposant que Pétrarque n'aye point exagéré *sa position* pour servir sa Muse, nous dirons que dans l'état où Laure l'avait mis, il fallait moins que *des paroles*; un seul regard suffisait, pour rallumer ses jours et ses feux, si aisés à enflammer, puisque le *seul aspect d'un bois*, lui

---

* Cette bataille se donna en 1544. (MONTLUC.)

fesait éprouver, s'il faut l'en croire, *des rédou-blemens d'amour.*

C'était sans doute depuis l'instant que, revenant de la chasse, il la surprit se baignant comme Diane, sans autre voile que celui de la Nayade. Elle savait qu'il passerait là ; l'amour-propre d'une Coquette, amour-propre si naturel aux femmes, et sur-tout *aux plus belles*, ne permet pas d'en douter. Laure connaissait déjà tout le pouvoir de ses charmes, tout l'éclat de sa beauté et la faiblesse de Pétrarque. En effet, Pétrarque parut sur les bords d'un rivage enchanteur. Quel moment ! Laure en est émue, pousse un cri, ordonne.... ; mais sa voix expirant sur ses lèvres, Pétrarque resta ; et le ciel ne vit d'autre Actéon que dans Hugues de Sade. Oui, je crois la voir s'agiter dans l'onde, en couvrir son perfide et *brulant* amant ; qui enfin , par toutes sortes de considérations, se retire, emportant avec lui la trop séduisante image des célestes appas qu'il venait de contempler, avec des yeux volcanisés d'amour.

Je me rappelle ici, d'abord de ce que dit Horace, *que les filles se font les ongles pour mieux égratigner les garçons*.... Ensuite, de ce que fit, devant moi, une jeune et belle paysanne du
Brisgaw

Brisgaw, si parfaitement Coquette, que *Lanoue ne l'eut point corrigée*. C'était au bal, dans un de ces instans d'effusion les plus irréfléchis.... Son rustique cavalier, lourdeau danseur, veut l'embrasser, fait ses efforts pour y parvenir.... Elle, moins forte, plie sous son bras nerveux, mais plus adroite, elle lui échappe en dérobant tous ses appas au Satyre du village; qui, revenant à la charge, est tout-à-coup pétrifié d'émotion : sérieusement occupée de sa conquête, elle l'arrête en opposant à son ardeur le mouchoir qui pendait à son cou, noué négligemment, et lui découvre un sein *d'albatre*, palpitant de volupté.... C'est-à-dire, qu'en cachant son visage, elle l'initiait dans le secret orgueil de ses charmes. Ce qui fut cause, vraisemblablement, de la perte de son cœur, de sa liberté et de son temps, et peut-être de sa vie, si dans la suite, il déserta les drapeaux de son Roi, pour le fichu de sa maîtresse.

Laure, pendant vingt ans, eut l'art d'inspirer à Pétrarque tous les sentimens qu'elle voulut, si on en juge par les couleurs enchantéresses de sa perfide Muse ; et ceux qui ont persisté à dire que Laure a toujours triomphé d'elle-même, ne peuvent asseoir leur opinion que sur le prétendu silence du Poëte. Mais ce silence, *ne serait que du silence...* N'était-ce pas assez que, dans ses œuvres, son ardeur indiscrette l'eût aussi évidemment affichée ? Fallait-il qu'il publiât sa défaite, qu'il dît crûment les faveurs qu'il en avait obtenu ? En vérité je ne puis concevoir que des êtres sensés, qui par conséquent ont quelques notions du cœur humain, se soient flattés de parvenir à prouver une vertu imaginaire, qui n'eut rien de réel, que ce qu'elle fût avant d'avoir connu Pétrarque. Tout ce qu'on pouvait raisonnablement dire, c'était que, malgré les indiscrétions du Poëte, il était *possible* qu'elle fût restée fidèle à son pacifique époux. Mais affirmer cela comme une chose qui n'admet pas le doute, j'ose avancer que c'est entêtement ou gageure. Et quoique Marmontel lût dans nos cœurs quand il écrivait, *qu'on était moins tenté de publier les faveurs qu'on obtient d'une femme, que de se venger des rigueurs qu'on éprouve*, cela ne signifie rien relativement à Pétrarque et à Laure, dont maintes particularités ont dévoilé toute l'histoire de leur intrigue.

Mais écoutons Madame Deshoulière, qui comme femme et Poëte, doit pénétrer davantage ce mystère, et porter un jugement plus fondé en expérience et en connaissance des femmes que tous les commentateurs ensemble.

Je me la représente, pour un instant, présidant la cour d'amour (4) avec Andalasie, vicomtesse d'Avignon, prononçant ainsi ses conclusions :

« Je suivrai le penchant de mon ame enflammée :
Je ne vous ferai voir dans ces aimables lieux
 Que Laure tendrement aimée,
 Et Pétrarque victorieux.
Aussi bien de Vaucluse ils font encor la gloire ;
Le temps qui détruit tout respecte leurs plaisirs :
Les ruisseaux, les rochers, les oiseaux, les zéphirs,
 Font tous les jours leur tendre histoire.
Oui, cette vive source en roulant sur ces bords,
Semble nous raconter les tourmens, les transports
Que Pétrarque sentait pour la divine Laure.
Il exprima si bien sa peine, son ardeur,
 Que Laure, malgré sa rigueur,
 L'écouta, plaignit sa langueur
 Et fit peut-être plus encore ».

Ici, Madame Deshouliere, s'arrête un instant, et réfléchit avec tout l'Aréopage féminin.... Mais la réflexion n'a pas été plus favorable à Laure, que le simple soupçon. Elle est jugée.

« Dans cet antre profond, où sans autres témoins
 Que la Nayade et le zéphire,
 Laure sut par de tendres soins,
De l'amoureux Pétrarque adoucir le martyre.
Dans cet antre où l'amour tant de fois fut vainqueur,
 Quelque fierté dont on se pique,
 On sent élever dans son cœur

Ce trouble dangereux par qui l'amour s'explique,
Quand il allarme la pudeur. »

J'oserai pourtant appeller de ce jugement, à cause du champ de bataille, sur lequel Madame Deshouliere groupe ensemble l'amour, le plaisir et la victoire, entrelacés de myrthes et de lauriers. Cet antre si profond eût éteint le flambeau le plus embrasé. Je crois voir Laure, dans ce souterrain, saisie d'effroi, au milieu des plus lugubres ténèbres, en proie aux fantômes de l'imagination et aux craintes naturelles à une *femme*.... et Pétrarque incertain, allant à tâtons et chûtant à chaque pas. J'en conclurai que la Muse de Madame Deshouliere, l'a moins inspirée que celle de l'histoire, qui lui a révélé le plus impénétrable secret de l'amour et de Laure.

S'il faut en croire Pétrarque, les mœurs des Avignonais, à cette époque, étaient trop dissolués pour qu'elles n'eussent aucune influence sur le cœur de Laure, qui n'eût pu acquérir de la force et se garantir que par la religion ; et Pétrarque ni personne, ne l'ont peinte sous les traits de la dévotion.

Jean XXII. disait, qu'on faisait de son temps à Avignon des sortileges de toute espèce ; en se tenant renfermé dans un cercle, et que par la vertu de certains charmes magiques, on forçait les esprits malins à paraître. Après les avoir adorés on les interrogeait et on opérait, avec leurs secours, des choses fort extraordinaires. Ils prenaient, quelquefois, la figure de Diane, et on commettait avec eux des abominations....

Tout cela ne peut guère s'expliquer que par *le cours ordinaire des choses*.... Mais aussi tout cela peut n'être pas vrai : du moins c'est une preuve qu'il y avait quelque chose de véritable dans ce qu'on écrivait, de son temps, contre les mœurs et les principes des Avignonais. Cela étant, peut-on croire que les amours de Pétrarque ayent duré 20 ans dans une telle ville, sans qu'ils ayent été vainqueurs un seul jour ? Où la piété aurait regné le plus, n'étant pas pieuse elle-même, Laure aurait-elle pu résister vingt ans à un amant tel que Pétrarque ? Quelle est la place forte, fût-ce *Saragosse elle-même*, qu'on n'aurait pas par famine, infidélité, lassitude, ruse ou autrement, dans le cours d'un si grand laps de temps ? D'ailleurs, il ne faut pas oublier que Pétrarque était beau, aimable, rempli d'esprit, de talens et de feu ; célèbre dans toute l'Europe, et recherché par tout ce qu'il y avait de grand. *Eh ! comment* en douter, puisque c'est lui-même qui nous l'apprend.....?

O ciel ! que d'avantages superflus, pour triompher du cœur d'une femme ! Mais que dis-je ? j'oublie que ceci doit être lu par des femmes, et qu'elles n'entendent pas raison quand on attaque leur sexe.... O pardon, pardon, Mesdames, je tombe à vos pieds : j'ai voulu dire que vous êtes toute faiblesse, quand il est question d'aimer. Eh ! qu'y a-t-il de plus beau, de plus doux, de plus digne de l'homme ! Tout est amour avec vous, et sans vous, il n'y aurait ni sentimens, ni société sur la terre ; il n'y aurait rien. Le monde ne serait qu'un vaste désert, où Adam eût joué un sot rôle ; c'est à vos charmes, c'est à vous seules que nous devons la gaieté, le plaisir et le bonheur. Sans vous, aucun culte, ici bas, n'eût honoré la Divinité. Sans vous, Cupidon eût-il vu le jour ? Sans Panagerete, Socrate, triomphant de ses ennemis, eût-il prouvé l'immortalité de l'ame ? Et qu'il me soit permis de dire, que, sans Marie, JESUS ne se fût pas fait homme ! La femme a été, est et sera jusqu'à la fin des siecles, la source et le mobile de tout. En elle réside la paix et la guerre, le ciel et l'enfer. En même temps, s'il n'y a rien d'aussi faible qu'elle, il n'y a rien d'aussi fort ; elle endure avec beaucoup plus de courage que nous, les chagrins et les peines de toute espèce, car le suicide n'est point dans son cœur comme dans le notre. Elle fait plus, elle nous aide à supporter le fardeau de la vie. Enfin, quand on considère la différence qu'il y a entre son caractère et le notre, sa soumission et notre despotisme, sa modestie et notre orgueil, on est peut-être plus tenté de rester prosterné, que de se relever, Mesdames, pour vous embrasser.

A présent que me voilà raccommodé avec le sexe enchanteur, ne perdons pas de vue Pétrarque, qui est à la veille de quitter Avignon ; et pour des motifs bien peu dignes d'un homme, et sur-tout d'un Philosophe : les tailleurs y sont des mal adroits, et les cordonniers ne le chaussaient pas à sa fantaisie.

Pauvre Laure ! tu ne fus pas la dupe de ce prétexte, trop mal adroit sans doute et si peu digne de ton amant ! Il ne désirait plus rien ; l'ingrat ! et ne demandait qu'à s'éloigner. Il la laissa dans la plus douloureuse affliction. Mais il est vrai qu'on a dit, qu'il ne fut pas plutôt en Italie, qu'il fut rongé de remords, et que les pressentimens les plus sinistres le poursuivirent par tout. Un matin, à Veronne, Laure lui apparut en songe ; il entendit qu'elle lui disait : « Je ne vis plus sur la terre, je n'ai *eu qu'un regret*, c'est de vous abandonner.... Rappellez-vous le jour *où j'étais seule avec vous.* Vous me présentâtes vos vers en chantant : *C'est tout ce que mon amour ose dire*.... Je les reçus avec bonté..... *Après une telle preuve, devait-il vous rester le moindre doute sur mes sentimens ? N'était-ce pas lever le voile ?* Vous possédiez mon cœur, j'ai voulu être maîtresse de mes yeux ; cela vous paraissait injuste. Mais n'avez-vous pas la meilleure part ? Ces yeux même, dont je vous ai privé si souvent, *parce que vous le méritiez*, ne vous ont-ils pas été mille fois rendus, mille fois n'ont-ils pas été tournés sur vous avec tendresse ? Croyez que je vous aurais toujours traité de même, si je n'avais *redouté l'excès de votre ardeur*....»

Il est vrai que cette ardeur est, pour toutes les personnes de son sexe, une source de craintes. Mais en sont-elles pour cela plus fidèles *aux principes de leur éducation ?* Elles professent à la fois le libertinage et la sagesse : c'est leur genre de philosophie. Ici, elles parlent comme des Lucréces, et là, elles agissent comme des Messalines. Mais ce qui est rassurant pour la société et consolant pour les maris, c'est qu'il n'y a aucun
doute

doute que ce ne soit *le plus petit nombre.*

Le songe que je viens de citer, tiré des œuvres de Pétrarque, fournit matière à un trop long commentaire et noircit trop la mémoire de Laure pour s'y arrêter davantage. Les idées qu'il suggere sont trop positives et trop claires, pour que celles de tous ceux qui les liront ne lesoient pas aussi. Disons seulement, que

« Le passé n'a point vu d'éternelles amours,
Et les siecles futurs n'en doivent point attendre * ».

L'implacable mort acheva d'en convaincre Pétrarque, en lui ravissant l'arbitre de son génie et de *son amour.*

Laure mourut à Avignon, le 6 avril 1348. à six heures du matin, jour et heure où il l'avait vue pour la premiere fois, et où elle lui apparut en songe. Elle laissa six garçons et trois filles, et fut inhumée dans l'Eglise des Cordelliers à la chapelle de la Croix, où était la sépulture de la maison de Sade (5). Cette Eglise n'existe plus, et en ce moment, l'on acheve de la démolir pour en faire un jardin. On y distingue encore la place, où les plus célebres appas devinrent la proie éter-

---

* Sonnet de MADAME DE LA VALLIERE 1

nelle d'un vermisseau, lorsqu'à peine vingt années suffirent à Pétrarque, pour en jouir un instant.

« Les jours de l'homme sont comme l'herbe, sa fleur est comme celle des champs, *un souffle a passé et la fleur est tombée et la terre qui la portait ne la reconnaîtra plus* » *.

M'étant transporté sur le lieu même où Laure repose, j'espere, ai-je dit, à celui à qui ce sol sacré *appartient* aujourd'hui, que vous planterez un rosier entrelacé d'un myrthe à l'endroit où la belle Laure fut ensévelie, et que, par vos soins, les Peupliers, les Ciprès s'y rangeront en cercle, pour indiquer, du moins, la place funèbre d'où vous avez fait disparaître tout signe de Chrétienté.....

Mais puis-je croire qu'un cœur révolutionné, ait eu des oreilles pour entendre ce langage, quand chaque jour ses pieds laissent l'empreinte du sacrilege dans la cendre des morts?

En cette même Eglise, furent inhumés les restes précieux du brave Crillon, frère d'armes et ami du grand Henri. La Chapelle et le tombeau existent encore; mais peut-être qu'à l'instant où

---

* Ps. CII. traduction de Laharpe.

mon ame et ma plume s'attendrissent au souvenir glorieux de tant d'exploits, un barbare Vandale, sous les coups redoublés d'un fer destructeur, entend, sans effroi, l'écroulement des écussons de la valeur, des attributs de la gloire, des emblêmes de la reconnaissance et de la vertu, qui tombent, avec fracas, sur des ossemens qui furent soixante et quatorze ans les colonnes vivantes d'un temple consacré à l'honneur.

Si jamais on en fait un crime à la ville d'Avignon, je n'aurai point à me reprocher de n'avoir pas fait tout mon possible pour l'éviter. J'étais avec Mr. de Seguin, quand j'ai offert de donner une somme pour qu'on s'engageât, par acte, à laisser exister cette chapelle. J'en veux deux cent louis, répond le propriétaire. Ce n'est pas trop, lui dis-je, pour celui qui peut les donner, s'il y attache autant de prix que moi. Mais aux yeux de celui qui veut la détruire, cette demande doit paraître une folie. Vous vous y intéressez trop, dit-il, il faut que vous soyez le parent ou l'ami de cette famille. Je ne suis ni l'un ni l'autre, et je ne connais de Crillon au monde, que ce fidèle et vertueux Preux., à qui le meilleur et le plus auguste des maîtres, écrivait : *Pends-toi, brave Crillon, j'ai vaincu à Arc, et tu n'y étais pas* (6)! Pourquoi donc, reprit-il, avez-vous tant à cœur que je conserve ce tombeau ?—Pourquoi ! Vous êtes Français et Chrétien, et vous osez me le demander ? l'honneur, la religion, la France, votre intérêt, tout parle en sa faveur. Et quand, d'une main sacrilège, vous aurez livré aux vents, des cendres dont il naîtrait une forêt de lauriers, votre jardin sera-t-il plus fertile et plus beau, l'ivraie en croîtra-t-il moins à la place du froment?..... Non, je ne puis concevoir comment vous pouvez passer votre vie à fouiller de religieux tombeaux, sans frémir et sans craindre d'y trouver le vôtre ? Je me retire, je vous livre à vos réflexions, car je craindrais de vous rendre encore plus coupable, en vous faisant connaître, vainement, la vérité toute entière....

Un héros m'a éloigné du tombeau de Laure ; un héros m'y ramene.

   Aussi galant Chevalier,
  Qu'il était grand Roi, grand guerrier,
   FRANÇOIS, dans un royal délire,
Sur la faux du trépas, à l'ombre du laurier,
  Grave les vers que l'on va lire :

  « En petit lieux compris vous pouvez voir,
  « Ce qui comprend beaucoup par renommée ;
  » Plume, labeur, la langue et le savoir
  « Furent vainqueurs par l'aimant de l'aimée.

« O gentille ame étant tant estimée,
» Qui te pourra louer qu'en se taisant ?
» Car la parole est toujours reprimée
» Quand le sujet surmonte le disant ».

Après un hommage aussi flâteur, quel Français serait assez vain, pour croire ajouter quelque chose *à la gloire de Laure ?* Un seul osera faire entendre les accords de sa lyre ; mais ce ne sera que pour mieux nous faire connaitre les honneurs qui furent rendus *à l'immortelle de Vaucluse* ; c'est Marot lui-même :

« O Laure, Laure ! il t'ha été besoin
D'aimer l'honneur et d'être vertueuse ;
Car François Roi, sans cela n'eut pris soin
De t'honorer de tombe somptueuse ;
A par écrit ta louange coucher.
Mais il t'a fait pour autant qu'amoureuse
Tu l'as été de ce qu'il tient plus cher ».

Si l'opinion de FRANCOIS I. sur les amours de Pétrarque et de Laure, n'était pas exprimée aussi clairement qu'elle l'est dans ces deux vers,

Plume, labeur, la langue et le savoir,
Furent vainqueurs par l'aymant de l'aymée ;

j'en conclurais, que le Roi de France avait une trop haute idée de l'honneur, pour le faire dépendre d'un soupir ; sans cela, comment imaginer qu'on pût regarder Laure comme une femme sans reproche ? Ce n'est pas que je ne croye,

> « Qu'aux temps les plus féconds en Phrynés, en Laïs,
> Plus d'une Pénélope honora son pays.
> Et que même aujourd'hui, sur ce fameux modèle,
> On peut trouver encor quelque femme fidèle.
> Sans doute, et dans Paris, si je sais bien compter,
> Il en est jusqu'à trois que je pourrais citer ». *

Je me doute bien quelles seront les personnes qui blâmeront mes principes, mon opinion et ma sévérité ; mais qu'elles sachent que je croirais, comme elles, à la vertu de Laure, si je ne pensais avec Monsieur de Buffon, qu'il n'y a que le physique de l'amour qui soit bon, et que, malgré ce qu'en peuvent dire les gens épris, le moral n'en vaut rien (7). D'après cela, il faut conclure que Laure, étant sujette aux mêmes impulsions de la nature que Pétrarque, elle ne fut point rebelle à ses lois ; qu'au contraire, elle fut enflamée du même désir que son amant, puisqu'il n'est pas douteux qu'elle ne l'aimait, car *il ne faut que s'occuper long-temps et souvent d'un même objet, pour en faire une idole.*

Quelque heureux que soit le choix des expres-

---

* Boileau.

sions dont un auteur se sert, elles ne m'éblouissent jamais assez, et assez long-temps pour me faire méconnaître la vérité toute entière. Mais enfin, pour prouver mon impartialité envers Laure et envers ceux qui la défendent, je vais feuilleter encore les volumineux et effrayans mémoires de l'abbé de Sade, pour y chercher quelques citations qui puissent être en leur faveur....

En voici une ; et ce sera par elle que je cesserai de parler de Pétrarque amoureux.

Varchi, et ceux qui semblent penser comme lui, rapportent les vers où Pétrarque dit : « que l'amour que Laure lui inspire, l'éleve au souverain bien, et le mene au ciel par le plus droit chemin ; qu'il le détache de tous ces objets vils et méprisables, après lesquels tous les hommes courent ; qu'elle répend, dans l'air qui l'environne, je ne sais quoi de si honnête, qu'il n'est pas possible d'avoir un vilain désir, quand on est auprès d'elle. Que s'il fait quelque chose de bien, elle en est la cause et le principe, et que si le bonheur des Saints consiste à voir Dieu dans le ciel, et s'ils ne désirent rien de plus, il sent qu'il vivrait sur la terre du seul plaisir de la voir.... »

Qui ne conviendra point que dans ces *sublimes confidences*, il y a plus de poésie que de vérité ?

D'ailleurs, il est vraisemblable que c'est des premières impressions de sa jeunesse et de son amour dont il parle. Car quel est l'homme sensible, qui ne reconnaîtra pas dans les vers dont je viens de donner la traduction, quelques minutes de l'histoire de son cœur ?

J'aime bien qu'après des infidélités aussi criantes que l'étaient les siennes, il ose parer son amour d'une vertu si chaste, si généreuse, qu'elle n'existe, dans une telle perfection, que parmi les anges et les saints ! Ah ! convenez que ce langage lui sied mal. Lui, s'exprimer ainsi ? Lui !.... dont les désirs ne s'enflammaient jamais qu'au foyer le plus impur des sens ! Mais finissons ici l'article de ses amours, en disant, et c'est prouvé par plus de vingt années de sa vie, qu'ayant Rome à cœur et *Avignon en tête*, il mit tout en usage pour rendre au Pape son épouse, et pour enlever à Hugues de Sade la sienne.

Je demande à présent s'il est possible de reconnaitre Pétrarque pour le plus fidèle et le plus délicat des amans, et Laure, pour une femme sans reproche, à l'abri même du soupçon ?

SI, dans le cœur d'un vrai Poëte, l'amour de la gloire est une passion, celui des femmes n'est qu'un besoin. Son esprit est-il distrait des illustres travaux par un chagrin qui l'absorbe, *par un desir ardent qui l'égare*, et peut-être puis-je dire qui le glace, car la flamme légère du flambeau d'amour, n'est point telle que le feu créateur, inextinguible, éclatant et universel du génie. Oui, que peut être l'esprit, que les passions *saturent* de leurs plus funestes erreurs, ou que l'injustice révolte, ou que le crime pénètre de terreur? Son ame alors languissante ne fait que végéter, et l'imagination, que les plaisirs dessèchent, que les malheurs assoupissent, ne se réveille et ne reprend sa force et sa fraicheur *que quand l'orage a cessé*. Aussi je regarde la production immortelle *des Dithyrambes* de l'estimable de LILLE, comme un de ces phénomènes qui sont pour toutes les générations un sujet d'étonnement et d'admiration. L'on pressent déjà ma conclusion, qui est que Pétrarque ne fut ni véritable amant, ni grand Poëte. Mais voyons si, à la cour d'Apollon, il fut plus heureux, plus recommandable qu'à celle de Vénus. Car, sous quelque point de vue que je l'envisage, il n'est jamais sans reproche.

Je vois déjà qu'il est le plus ingrat de tous les hommes envers Avignon. Sa haîne pour cette ville est si profonde, si absurde, si inconcévable qu'elle tient de la folie.

« Tout ce que nous savons, dit-il, des deux Babylones, celle d'Assirie et celle d'Egypte, n'est rien en comparaison de cet enfer, où l'on ne peut se sauver que par le moyen de l'or. Il appaise les monstres les plus cruels, amolit les cœurs les plus féroces, fend les rochers, ouvre toutes les portes, même celle du ciel. Et pour tout dire en un mot, avec de l'or, on achete Jesus-Christ même. Enfin, tout ce qu'on voit ailleurs d'affreux, de noir, d'exécrable est ici rassemblé ».

Est-ce là le langage de la modération et de la sagesse ? Est-ce là l'expression de la vérité ? Y distingue-t-on même quelque vraisemblance ?...

Quelque corruption qui regnât à la cour d'Avignon, il n'est pas vrai qu'elle eût pénétré dans toutes les maisons. Je ne veux pourtant pas dire que je pense que celle de Laure en fût exempte : au contraire, les muses, les graces, la beauté, la folie l'exposaient plus que toute autre aux dangers de la séduction, et je reste convaincu que ce ne fut pas vainement pour les plaisirs, qu'elle fixa, durant vingt ans, les yeux de la ville et ceux de la cour

Comme il serait trop ennuyeux de lire tout ce que les œuvres de Pétrarque renferment contre Avignon, bornons-nous à citer le passage suivant, qui est la statistique qu'il a laissé de cette ville.

« Avignon, dit-il, est sur les bords du fleuve le plus venteux, perché sur un rocher escarpé, petit dans son enceinte ; ses rues sont sales et étroites, ses maisons mal bâties, servant de retraite aux pécheurs. La bise qui y regne presque toujours, en rend le séjour très-incommode ; et il serait mal sein, si elle ne soufflait pas. Ce vent renverse les maisons, et on le remercie. C'est sans doute ce qui détermina Auguste à lui élever un temple, dans le temps qu'il était dans les Gaules. On prétend que les vivres y sont en grande abondance ; pour moi j'ai remarqué le contraire, et je n'ai trouvé de singulier dans cette ville, que la boue et le vent..... De toutes les villes que je connais, c'est la plus puante. Quelle honte de la voir devenir tout-à-coup la capitale du monde, où elle ne devait tenir que le dernier rang. *C'est l'Egout de la terre*, où l'on ne trouve ni foi, ni charité, ni religion, ni crainte de Dieu, ni pudeur ; rien de vrai, rien de saint, quoique la résidence du Souverain Pontife en dût faire un fort, un sanctuaire de la religion ».

Quel Français pourrait croire, après avoir été témoin de la révolution, que le commencement du quatorzième siecle fût plus perverti que le notre ? Quoi qu'il en puisse être, quelle idée dois-je avoir d'un homme qui se fait un devoir de la calomnie et un jeu de l'ingratitude la plus atroce ? Comment concevoir après cela, que les Avignonais de nos jours, ayent élevé à Pétraque un monument qu'il n'a mérité sous aucun rapport ? Un étranger, un ennemi, devait-il être préféré à tant d'autres Français, qui n'en ont pas encore obtenu, malgré les réclamations de plusieurs siecles d'estime et de gloire ? Un bon livre n'a besoin que de vieillir pour en acquérir. Mais que dis - je, vieillir ? vieillit - on quand on porte avec soi le germe épanoui et fécond de l'immortalité ?

Serait ce parce que Pétrarque était l'amant de Laure, et que ce fut à Vaucluse qu'il soupira ses vers et ses amours, qu'on l'a jugé digne des plus grands honneurs ? Je ne saurais le croire : on eût manqué à la fois de jugement, de morale et de dignité ; je suis même convaincu que les descendans de Laure n'ont pas conservé, parmi les titres de leurs maisons, les originaux des pièces innombrables de vers qui lui furent adressées, à moins que l'amour de la Poésie n'eût égaré leur jugement, comme l'était celui de l'abbé de Sade, quand il commentait les œuvres de Pétrarque, et qu'il disputait avec Mr. de Caumont, qui, ne pouvant le convaincre, quelques judicieuses que fussent ses raisons, finit par lui dire, avec le ton de l'impatience et de la conviction : *Tiens, mon ami, il ne vaut pas la peine de tant disputer, pour savoir s'il y a un C... de plus dans ta famille.*

Pétrarque fut plus poëte qu'amant ; et si sa muse était aussi coquette et aussi capricieuse que Laure, elle fut, en revanche, moins cruelle et *plus prodigue* de ses faveurs. Ce fut sous ses auspices qu'il intéressa son siecle, qui était celui de l'enthousiasme, de la franchise, de l'amour et de l'honneur. Mais parce qu'on était plus décent, plus respectueux et plus discret qu'on ne l'est de nos jours, *on n'en était pas moins homme.* Peut-il être excusé d'avoir manqué de discrétion, avec autant d'autenticité qu'il l'a fait, puisqu'à l'époque où nous en sommes, époque de la démoralisation la plus complette et la plus générale, on s'indignerait de voir un ecclésiastique qui, sans retenue, entretiendrait le public de son amour pour la femme de son voisin ? Quelle idée aurions-nous de lui, du mari, de la femme et des lois qui le souffriraient ?

Je ne suis plus étonné qu'on ait autant écrit qu'on l'a fait sur Pétrarque, car je conçois la possibilité d'écrire encore beaucoup sur le même sujet. L'expérience de plus de cinq siècles, accumulée sur nos têtes à celle des autres siècles, nous apprend à lire et à juger celui dans lequel vivait Pétrarque.

Il en est des individus comme des couleurs, que le moindre événement subordonne au caprice et que la mode recherche et fait valoir.

Pétrarque était d'une figure noble, mâle et jolie ; *il plut* au Cardinal Colonne, et ses vers à tous les sexes comme à tous les âges. Son amour était une espèce de passion cauteleuse, *fort commode*; elle n'avait rien de gênant, elle lui permettait de les satisfaire toutes, et de s'occuper également des affaires publiques comme des siennes propres ; de Rome et d'Avignon, de Rienzi et des Souverains, de la religion et de la *Philosophie*, tout cela marchait de front dans sa tête comme dans son cœur.

Voilà le thermomètre le plus juste de son amour ; qui, à certains yeux, pourrait rendre croyable la victoire, qu'on dit, que Laure a remporté, pendant vingt ans, sur elle-même. Ici, si je me répète, c'est que je connais *tout le prix d vingt ans.* Vingt ans ! O que de gloire si c'était vrai ! Non, il n'y eut jamais de plus grande victoire. Vingt ans ! c'est bien fort !... Aussi, comment ne pas se résumer à dire que le laps de tems a suppléé au défaut d'unité, de but et d'affection véritable.

Si l'on réfléchit que dans Pétrarque, l'amant est inséparable du poëte, qui semblait n'écrire et aimer, que comme les animaux agissent, pour jouir et manger, on cessera d'être étonné que je parle encore de Laure, qui plus d'une fois dut maudire sa liaison avec Pétrarque ; car il est certain qu'il n'y avait pour lui d'événement plus intéressant que les jouissances de l'esprit, qui absorbent même celles du cœur, qui ont autant de vivacité et de feu que les plus mystérieuses du corps, éclairs d'une extrême chaleur, ou précurseurs de la *foudre*.....

Oui, je le répéterai, l'amour dans Pétrarque n'était point une passion, c'était un besoin, un violent élan d'égoisme : c'était un rôle composé de toutes les poésies qu'il adressait à la Déesse d'Avignon. Il est si naturellement écrit, avec tant d'art, que l'art même disparaît sous les graces du style et les fleurs d'une brillante imagination. Mais on ne peut pas dire qu'il

Ignorait son art, et c'est son art suprême ,
comme de Lille l'a dit de la Fontaine.

Il préféra la langue vulgaire à celle des Romains, afin que ses vers fussent plus répandus ; ce qui d'ailleurs rendait sa composition moins difficile, puisqu'il put se permettre des licences et des novations qui lui eussent été interdites dans une langue qui avait atteint son dernier dégré de perfection.

La coquetterie de Laure, fut, *peut-être*, le mobile le plus puissant de son ambition littéraire. Elle fut pour lui, une source abondante d'idées, de peines et de jouissances : de sorte qu'il ne fut pas moins redevable de sa renommée aux charmes de sa maîtresse, qu'aux progrès rapides de la langue italienne, dont il partagea tous les succès, en étant un de ses plus élégans poëtes, distingué par tout ce que l'esprit a de fleuri, de gracieux et d'aimable.

Mais *j'oserai* dire qu'il manquait de génie ; je ferai plus, d'une seule réflexion je le prouverai peut-être. Q'a-t-il fait dans la langue de Ciceron et de Virgile, qui dans tous les genres, lui offrait plus de ressources que le patois de l'Italie, dont la seule illustration était dans le poëme du Dante ?

jamais

Jamais l'on ne songe à Pétrarque, quand on veut renforcer sa pensée par celle des auteurs célèbres de l'ancienne Rome. Il est vrai que le génie de cette langue commençait à s'éteindre, et qu'elle n'était plus dans sa première splendeur ; mais elle n'en était pas assez déchue, pour ne point ranimer tout le feu de son antique lustre, s'il en eût eu les moyens.

Je dirai pourtant que la durée d'une langue ainsi que sa perfection, dépendent encore plus de la gloire que s'acquiert la nation qui la parle et du gouvernement qui la surveille, que des auteurs qui l'écrivent, qu'ils ne sont que ce que le Souverain veut qu'ils soient ; et il n'est pas douteux que quoique Pétrarque n'eût point existé, la langue italienne n'en fût pas moins parvenue au degré de perfection dont elle brille. Elle a bien plus d'obligations à *Guiton d'Arezzo*, *à Gui Cavalcanti*, Poëtes toscans, Malherbes de leur siecle, qui en 1250. l'avaient déjà soumise à des regles, qu'à Pétrarque lui-même, qui profita du fruit de leurs travaux. D'ailleurs, Boccace, son contemporain, n'a-t-il pas contribué autant que lui aux progrès de la langue italienne ? Ses ouvrages furent aussi répandus que les siens ; ils sont moins décents, et plus à la portée de la *multitude* des lecteurs : car dans tous les temps de *l'Imprimerie*, on a été avide de ce qui met nos passions en jeu, et rien ne les caresse davantage que l'obsénité des Contes et des Romans.

La Jérusalem délivrée et la Henriade, ont moins de lecteurs que *Rolland le furieux et que la Pucelle d'Orléans*.

Je demanderai si *le Scipion* a mérité à son auteur les éloges que, de génération en génération, on s'est étudié à donner au Dante (8) ? Personne ne lit *le Scipion* et personne n'en parle ; tandisque de nos jours, nous avons vu le célèbre Rivarol, employer toute sa gloire à traduire le Poëme de *l'Enfer*, qu'on doit regarder comme l'orgueil des premiers siecles de la littérature italienne.

Boccace en envoya un exemplaire à Pétrarque, qui lui répondit: « Je m'unis à vous pour louer ce grand Poëte, *vulgaire pour le style*,* mais très-noble pour les pensées. Mes envieux veulent que je le sois de lui ; il y a long-temps que *j'ai dit* que je ne l'étais de personne ; mais je ne mérite peut-être pas, d'être cru sur parole. Cherchons la vérité ; comment pourrais-je être jaloux d'un homme qui a fait sa principale et peut-être uni-

---

* pouvait-il l'être dans ce temps-là ?.....

que occupation de ce qui *n'a été pour moi qu'un jeu, qu'un essai de mon esprit. Dites-moi s'il y a là matière à envie ?...»*

La jalousie qu'on lui reproche, perce à travers même ce qu'il dit pour s'en défendre ; il ne peut la cacher, elle est plus forte que lui; et dans cette circonstance, comme dans bien d'autres, le bout de l'oreille ne peut se contenir.

Tassoni, place les chansons de Pétrarque au dessus de tous ses autres ouvrages; et à cet égard, il se trouve d'accord et avec l'auteur lui-même, et avec tous ceux qui les lisent. Mais Pétrarque, seul, nous apprend que de son temps, on les apprenait par cœur, que même les vieillards les plus graves, ne pouvaient *s'empêcher* de les réciter.

Paul-Verger qui a écrit aussi sur la vie de Pétrarque, assure, pour avoir oui dire à *Calutio*, que Pétrarque disait : *Je pourrais corriger mes ouvrages et les rendre meilleurs, excepté mes poésies italiennes, où je crois avoir atteint le degré de perfection dont je suis capable.* Mais s'il faut en croire l'abbé Laugier, dans son Histoire de Venise, Pétrarque n'était pas susceptible de parvenir à un plus haut degré de perfection. Il le trouve singuliérement bel-esprit. Et moi, singuliérement insolent. Il écrivait au Cardinal d'Aube, Evêque de Rodez : « Vous m'accablez de vos productions ; cherchez un athlete plus robuste que moi, pour lutter avec vous. Les vers coulent de votre veine avec une abondance dont rien n'approche. Trois cents vers dans une heure! combien en feriez-vous donc dans un jour, dans un mois, dans un an ? Cela fait trembler.... »

Que de franchise dans cette réponse, mais combien peu d'esprit et d'honnêteté. Le Quatrain suivant semble en être le résumé.

« Tircis fait cent vers dans une heure,
Je vais moins vite et n'ai pas tort,
Les siens mourront avant qu'il meure,
Les miens vivront après ma mort ».

La politesse, l'éducation et le caractère de Pétrarque, n'avaient rien d'aimable ; sa vanité les rendaient aussi divergents, que les circonstances qui la mettaient en jeu l'exigeaient.

Voyons à présent, par la suite de cette même lettre, s'il était vrai que ses ouvrages ne fussent qu'un jeu de son esprit, comme il l'a écrit à Boccace : « Il s'en faut bien que j'aye la même facilité ; le soleil se leve et se couche, me trouvant toujours sur le même ouvrage. *Quand je prends la plume, mon imagination me représente la postérité comme un juge sévere, dont je dois craindre le jugement.* Cette crainte rend mon travail plus lent. Vous n'écrivez peut-être que pour la personne à qui vos vers sont adressés. Votre gloire est assurée par d'autres voies : pour moi, qui ne puis me faire un nom que par mes ouvrages, j'y repasse sans cesse la lime, et je ne puis me déterminer à les laisser sortir de mon cabinet. Le courier presse, je l'entends frapper à ma porte, et j'aime mieux le renvoyer avec rien, que de lui donner des choses qui tourneraient à ma honte. Voilà mon usage ».

Il est bon, et ceux qui écrivent devraient le suivre. Boileau en a fait un précepte.

> Hâtez-vous lentement et sans perdre courage,
> Vingt fois sur le métier remettez vôtre ouvrage :
> Polissez-le sans cesse et le repolissez,
> Ajoutez quelquefois et souvent effacez.

Quand on lit une lettre ou un ouvrage quelconque, on ne s'informe pas du temps qu'on a mis à l'écrire, mais on le juge tel qu'il est.... Et souvent ce jugement nous rend coupables envers l'auteur ; parce qu'on fait plus que de juger son esprit, on ose même descendre au fond de son cœur. Cette raison est assez forte pour nous faire mettre, non-seulement, dans ce cas-ci, mais dans toutes les circonstances de la vie, le plus d'accord possible entre les apparances et la réalité, afin de prévenir, autant qu'il est en nous, l'injustice et la témérité du jugement des hommes.

Sans m'attacher à commenter la vie de Pétrarque dans toutes ses particularités, je n'ai qu'à continuer le cours rapide de mes observations, pour prouver ce que j'ai avancé dans l'avertissement de *cet Essai*. Pour cela, il faut donc achever de faire connaître l'opinion des gens de lettres sur ses ouvrages, et de rapporter diverses anecdotes qui contribueront à le peindre, et à confirmer mes lecteurs dans l'idée que je leur en donne, qui est une preuve nouvelle que les plus brillantes réputations sont quelquefois une erreur publique.

Benoit XII, voulant persuader à Pétrarque d'épouser Laure, lui offrit des dispenses pour qu'il pût garder ses bénéfices. Pétrarque lui observa *qu'une fois qu'il serait en possession de Laure, tout ce qu'il prétendait dire encore d'elle, ne serait plus de saison.* Mais était-ce avant ou après son mariage, ou bien Mr. de Sade était-il mort ou avait-il divorcé ?... Il serait vraisemblable que ce fut avant le mariage de Laure, si l'on raisonnait d'après les principes ; mais par l'ordre chronologique, il est démontré que ce ne fut qu'après, puisque Jean XXII. n'est mort qu'en 1334, et qu'à cette époque Laure était déjà la plus belle des propriétés de Hugues de Sade....

Le continuateur de l'Hisoire ecclésiastique confirme ce que je viens de dire, en assurant que Pétrarque ne refusa les offres de Benoit XII. que de peur qu'elles n'éteignissent son ardeur poétique. Je n'ai donc pas eu tort d'avancer, qu'il était plus Poëte qu'amant, ou qu'il ne dédaignait les jouissances de l'hyménée, que parce que Laure lui avait fait connaître celles de l'amour?

« *Votre Laure*, lui écrivait l'Evêque de Lombés, dépositaire de tous ses secrets, *n'est qu'un fantôme d'imagination, sur lequel vous exercez votre muse* ». « Plût à Dieu, lui répondit Pétrarque, que votre plaisanterie fût vraie ; plût à Dieu que ma passion ne fût qu'un jeu ! hélas ! c'est une fureur ».

Accordez cela avec ce qu'il dit à Benoit XII.

Plus de vingt-cinq auteurs, dit l'abbé de Sade, ont écrit la vie de Pétrarque. Les plus exacts, sont *Vellutello* et *Muratori*.

Je l'ai déjà dit, je conçois la possibilité d'écrire

encore sur le même sujet ; sur-tout quand je réfléchis que le dix-neuvième siècle semble être le résultat de celui du saint-siége à Avignon. Ce raprochement produirait des volumes, si j'étais assez patient pour l'entreprendre, et assez savant pour être au niveau d'un pareil ouvrage ; mais nous nous contenterons, seulement, de l'avoir indiqué.

En citant les auteurs qui sont les apologistes de Pétrarque et ceux qui en sont les détracteurs, je n'oublierai pas que *Baillet* disait, *qu'il était le restaurateur des lettres*. Observons que ceux qui louent Pétrarque, donnent du prix à la censure de ceux qui le connaissent mieux. Les premiers sont des enthousiastes aveugles, pour ne pas dire plus ; mais les autres, moins partiaux, subordonnent d'avance leur jugement à la vérité et à l'amour de leur pays.

Le Cardinal Gui, de Boulogne, s'étant moqué de ce qu'on avait recommandé Pétrarque au Pape comme un *Phénix*, Pétrarque dit à cette occasion: *Il me hait aujourd'hui.... il craint la liberté dont je fais profession, et moi, je déteste l'orgueil dont il est bouffi. Si nos fortunes étaient égales, je ne serais pas un Phénix, mais il serait un Hibou....*

André

André Schoderer, jurisconsulte allemand, fit imprimer en 1622. une vie de Pétrarque, où il l'appelle aussi *le Phénix et le père des gens de lettres*. Cette expression, d'un ridicule enthousiasme, est une vraie *querelle d'allemand*, faite pour révolter la raison.

Il n'est pas jusqu'à un Evêque qui n'ait dit, il est vrai qu'il était Italien, *qu'il faudrait être fou, pour condamner l'amour de Pétrarque pour Laure*. Qu'était-il donc lui-même ? Il prétend qu'on a beaucoup d'obligations à une passion, qui a inspiré des vers qu'on ne cesse d'admirer. C'est le langage d'un Métromane en délire, qu'on ne saurait trop condamner dans la bouche d'un apôtre du Christianisme.

Un autre Evêque, celui d'*Astie* (Panigarole) croit que la vierge la plus farouche peut lire ses vers d'un bout à l'autre sans rougir. Que de simplicité ! que d'indulgence ! Les Evêques français n'en diraient pas autant.

Mr. l'abbé de Fleuri, fait pour régler l'opinion de tout homme sensé, m'enorgueillirait de celle que j'ai déjà manifesté, s'il m'était permis de l'être de quelque chose. *Pétrarque*, dit-il, *était un esprit léger, un homme dépourvu de bon sens, un ecclésiastique plongé dans la*

Q

debauche. Il nie que ses lettres soient pleines de gravité, de zèle et de doctrine. Au contraire, il soutient que ses poésies italiennes sont dangereuses pour les mœurs ; ce qui est l'opposé de ce que disent les auteurs des lettres *de Virgile aux Arcades*.

Il est singulier que le jugement de Pétrarque sur ses propres ouvrages, soit en quelque sorte la censure de ceux qui sont à sa louange, ainsi que de l'engouement ridicule de l'Athénée de Vaucluse. *Quant à mes vers*, dit ce Poëte, *ce ne sont que des niaiseries*. S'il eût ajouté l'épithète *de jolies*, ce jugement serait parfait, à ne le considérer que sous les rapports de l'esprit. Ce sont pourtant ces *niaiseries* qui font surnager son nom sur la vaste étendue des siècles, comme sur les ondes de Vaucluse.

« J'aurais voulu pouvoir, disait-il à un ami, les dérober au public et me cacher à moi-même ; mais cela n'est pas possible, ils sont trop répandus, partout on les lit plus que mes autres ouvrages, qui devraient avoir la préférence : loin de là, *le peuple les récite, et néanmoins me déchire* ».

C'est contradictoire, car quand un Poëte est assez goûté, assez célèbre pour que le public apprenne ses ouvrages par cœur, il est long-temps

SUR PÉTRARQUE.

l'idôle nationale! témoin Voltaire, qui nous prouve, plus que tout autre écrivain, combien on doit, en général, se méfier des citations, qu'il est toujours prudent de vérifier. Ce qu'il dit de la quatorzième chanson de Pétrarque, donne lieu à cette réflexion. Mais voyons comment ce célèbre Poëte en a traduit la première stance : *

>Claire fontaine, onde aimable, onde pure,
>Où la beauté qui consume mon cœur,
>Seule beauté qui soit dans la nature,
>Des feux du jour évitait la chaleur!
>>Arbres heureux dont le feuillage
>>Agité par les zéphirs,
>>La couvrit de son ombrage ;
>>Qui rappellez mes soupirs,
>>En rappellant son image!
>Ornemens de ces bords et filles du matin ;
>Vous dont je suis jaloux, vous moins brillantes qu'elles
>Fleurs qu'elle embélissait qand vous touchiez son sein!
>Rossignol dont la voix est moins douce et moins belle!
>>Air devenu plus doux, adorable séjour!
>>Immortalisé par ses charmes !
>>Lieux dangereux et chers où de ses armes
>>L'amour a blessé tous mes sens !
>>Ecoutez mes derniers accens,
>>Recevez mes dernières larmes!

Cette traduction est indigne de la brillante

---
* Essai sur l'Histoire universelle. Tom. II.

réputaton de la muse de *Fernai*. Ces vers n'ont rien de facile, d'harmonieux, d'agréable ; ils sentent le travail et ne sont autre chose qu'une très-faible imitation. Toute colossale que soit la réputation littéraire de Voltaire, nous ne croyons pas de trop hasarder, en assurant qu'on ne peut pas dire *qu'une onde est aimable, et qu'elle soit la seule beauté qui existe dans la nature.* La Poésie peut-elle aveugler à ce point ?

Fleurs qu'elle embellissait quand vous touchiez son sein !

Cela n'a rien de flatteur, et ne rend pas l'idée de Pétrarque ; une fleur n'est embellie par une autre, que quand elle est moins belle. S'il voulait dire qu'au bouquet dont Laure était parée, elle unissait deux boutons de rose, chef-d'œuvres du printemps, qu'Hébé même eût jalousés, il fallait s'exprimer autrement. L'abbé de Sade est plus simple et plus vrai dans sa traduction, sans avoir été plus heureusement inspiré. Il dit, et c'est une modestie bien recherchée, que ceux qui se donneraient la peine de comparer sa traduction à celle de Voltaire, verraient d'un côté un grand Poëte, qui voulant présenter un Poëte étranger à une Dame, le pare magnifiquement et le couronne de fleurs. De l'autre, un traducteur faible, timide, *qui suit pas à pas son modéle, et n'ose point s'en écarter**.

Le désir de faire une phrase, est souvent cause qu'un auteur, dans son étrange inconséquence, ne respecte rien, pas même lui-même, et qu'il immole tout à l'absurde manie *de montrer de l'esprit*. La traduction de Mr. l'abbé de Sade, vaut mieux que celle de Voltaire; elle est plus exacte, plus concise, et a d'ailleurs le mérite d'avoir achevé la traduction de toutes les strophes; tandis que Mr. de Voltaire s'est arrêté à la seconde, en disant: *Tel est le début de la belle Ode de Pétrarque à la Fontaine de Vaucluse.*

Je ne serais point éloigné de croire, et l'on en jugera tout-à-l'heure, que ce ne fût plutôt à celle où il surprit Laure se baignant.

« Elle est, à la vérité, continue-il, irrégulière; il la composa en vers blancs, sans se gêner pour la rime; mais qu'on estime plus que ses vers rimés ».

J'ai lu une édition du même ouvrage, où il avait corrigé cette grossière et inexplicable erreur, (car sûrement l'auteur de *Zaïre* se

---

*Pour quiconque traduit ce doit être une régle qu'il faut observer scrupuleusement.

connaissait en rimes), et dans laquelle il dit *
que cette Ode est en vers croisés, que *Boccace* a
fixé la langue Toscane, qu'il est encore le premier
modèle en prose, pour l'exactitude et la pureté
du style, ainsi que pour le naturel de la narration.
La langue, ajoute-t-il, *perfectionnée par ces
deux écrivains, ne reçut plus d'altérations, tandis que tous les autres peuples de l'Europe ont
changé leur idiome.*

Avant que je connusse cette *assertion*,
j'avais manifesté mon opinion sur ces deux écrivains. L'un a plus de droits à la reconnaissance
des Italiens, et l'autre, homme extraordinaire et
bisarre, dut peut-être autant sa réputation d'excellent Poëte, à la faveur étonnante que son siecle
lui prodigua, qu'au génie qu'il avait reçu de la nature ; si l'on peut appeller *génie*, le talent d'un
faiseur de chansons.

Mais voyons comment l'abbé de Sade excuse
l'erreur de Voltaire, relative à la stance qu'il a
traduite. *C'est*, dit-il, *une légere inattention
qui a échappé au plus bel esprit de notre siecle.*

C'est ainsi que tous les éphémeres auteurs de

---

* Edition in-octavo de 1761, Chap. 78. Pag. 349.

son temps, rampaient aux pieds du tyran usurpateur de la République des lettres.

L'Ode, ou plutôt la chanson dont il s'agit, est rimée avec art, et *Guadrio* et *Muratori* l'exaltent, comme n'en connaissant pas de plus parfaite.

L'abbé de Sade écrivait avant la révolution, par conséquent il n'est pas surprenant que nous nous exprimions différemment sur le compte de celui qui en a été un des plus habiles et des plus coupables artisans ; qui s'est plu à couvrir de ridicule les objets les plus respectables et les plus dignes d'admiration ; à fouler même aux pieds des choses à jamais sacrées, à ridiculiser les actions les plus belles, à nous indigner par sa mauvaise foi autant que par son impiété. Est-il possible, dis-je, de pouvoir honorer la mémoire d'un tel homme, lors même qu'on en trouverait l'occasion ? Je le demande, peut-on être indulgent pour celui qu'on mésestime ? Il est des ames qui peuvent le craindre, mais le considérer, l'aimer et le louer ? cela, jamais.

La méprise de Voltaire, en supposant que ce ne soit point un *colaborateur* qui l'ait faite, est d'autant plus singulière qu'il dit, qu'on attribuait l'invention des vers blancs *à Jean-George Tris-*

sin, Poëte qui fleurissait au commencement du seizième siècle. Mais laissons là cette discussion de rimes pour la raison, car il est vrai que Voltaire ne l'a point toujours méconnue....

« Il n'y a pas un des Sonnets et des *Canzoni* de Pétrarque, qui approche, dit-il, des beautés de sentiment, qu'on trouve répandues avec tant de profusion dans Racine et dans Quinaut. J'oserais même affirmer que nous avons dans notre langue, un nombre prodigieux de chansons plus délicates et plus ingénieuses que celles de Pétrarque ; et nous sommes si riches en ce genre que nous dédaignons de nous en faire un mérite (9) ».

Gravina appellait la chanson dont nous parlons et celle qui la précède *les deux soeurs* (10). Il les louait avec enthousiasme ainsi que tant d'autres écrivains ; ce qui nous détermine à les préférer aux autres, pour donner une idée de l'esprit poétique de Pétrarque, et de l'exactitude de l'abbé de Sade à en rendre le sens littéral.

Chanson XIV. (11)

Onde fraiche, limpide et pure,
Où la beauté dont je cherche les pas,
Seule beauté qui soit dans la nature,
Vient quelquefois rafraichir ses appas !
Fleurs qui touchez son sein, qui formez sa parure ;
Arbres

Arbres heureux qui lui sarvez d'appui !
Séjour embelli par ses charmes !
Pour la dernière fois je vous parle aujourd'hui.
Ecoutez mes soupirs et recevez mes larmes.

Si le destin veut que l'amour
Dans les pleurs ferme ma paupiere,
Qu'une main bienfaisante après mon dernier jour,
Couvre en ces lieux mon corps d'une terre légere,
Mon ame ira plus libre à son propre séjour *.
Pour moi la mort serait bien plus amere,
Et je ne craindrais point ce pas si ténébreux,
Si j'espérais laisser ma dépouile grossiere
Dans ce séjour délicieux.

Quand cette Nymphe douce et fière
Reviédrait embellir ces lieux,
Elle me chercherait, je m'en flatte ; ses yeux
Voyant mon corps cendre et poussiere
L'amour peut-être je l'espere,
Leur ferait verser quelques pleurs.

---

* Il ne croyait donc pas que la mort ne fut autre chose que la séparation soudaine de l'ame avec le corps ?

Dès qu'on veut pénétrer le secret impénétrable du tombeau, la raison s'égare, et l'homme, égout de l'erreur et du vice, s'arrête à la premiere idée qui amoindrit ses craintes, qui sourit à son impieté ; et dès lors, que de coupables efforts d'imagination, pour établir en système l'idée, souvent, la plus creuse que ses passions ayent mise au jour !

R

Sa douleur aurait tant de charmes ,
Que Dieu même fléchi par de si belles larmes
Me pardonnerait mes erreurs.

A l'ombre d'un jeune arbrisseau,
J'apperçus un jour cette belle :
Les fleurs que de chaque rameau
L'amour fesait pleuvoir sur elle,
Couvraient son sein , sa tête , ses habits.
Les unes par l'éclat des perles , des rubis
Accompagnaient l'or de sa tresse blonde.
D'autres faisant en l'air un joli tour,
Et retombant sur le gazon , sur l'onde,
Traçaient en chiffre, ici regne l'amour.
Laure modeste au milieu de sa gloire,
Ravit mes sens et ce beau jour
Est à jamais gravé dans ma mémoire.

Oui dans le ciel assurément,
Cette Nymphe a reçu la vie,
Dis-je dans les transports de mon ame ravie,
Au milieu de l'enchantement,
Où me tenait son air , sa taille , son sourire,
Je me crus transporté dans le céleste empire,
Sans savoir ni quand , ni comment.
Depuis ce jour, ce gazon me plait tant . . . !
Par tout ailleurs, je languis, je soupire.

ENVOI.

Si vous aviez autant d'éclat et d'agrémens,
Mes vers , que de désir de plaire,
Je vous dirais , sortez de ce bois solitaire ;
Paraissez dans le monde avec vos agrémens.

Cette chanson et celle que j'ai citée dans la dixiéme note, peuvent donner une idée de l'esprit et de la gloire poétique de Pétrarque. Quant à ses œuvres latines, le temps les a plongées dans l'oubli (12); d'où je ne saurais les tirer, parce que je suis trop ignorant pour avoir les moyens de les faire valoir; et qu'en second lieu, je n'en ai nulle envie : au contraire, on ne parlerait plus de lui, si c'était en mon pouvoir. Car ce n'est point une raison, parce qu'il a fait de jolis vers d'amour, que les graces ont mêlangé de fleurs, que les Muses ont favorisés du prestige de l'harmonie, et qu'il a enrichis de tout ce que l'imagination peut enfanter de flateur, pour lui pardonner sa correspondance avec *Rienzi*, son ingratitude envers les Papes, et sur-tout, le ton *irrévérent* qu'il se permettait avec les Puissances. C'est lui, qui, par un excès d'impudence, les habitua, cauteleusement peu à peu, à souffrir l'impertinence et les novations des gens de lettres. Et en les rendant tolérantes, il a participé à tout le mal que leur bonté crédule et leur confiance extrême ont laissé introduire dans la société. Mal si affreux! que le ciel seul peut nous en délivrer.....

Depuis, combien d'auteurs ne se sont-ils pas crus en droit de blâmer ou de conseiller les rois?

Heureux, lorsqu'ils ne les calomnient pas avec noirceur ! C'est avec la même audace que, de nos jours, nous les avons vus redoubler d'astuce et de témérité pour porter une main sacrilege au sceptre comme à l'encensoir (13).

Que ceux qui sont appellés à gouverner les hommes, soient les plus instruits de tous ; qu'ils épuisassent même toutes les sciences, si c'était possible, ce serait pour eux un devoir. Mais après avoir vu s'élever, du sein de la plus vile pousssiere, des savans pertuabateurs du repos public, n'y a-t-il pas de quoi devenir misantrope et de quoi faire abhorrer l'amour des lettres, dont le feu impur a dévasté, naguère, la plus belle contrée de l'univers ? L'ignorance est la Déesse et l'amie du peuple. Il en est pour lui de la *science* comme du poison, que la prudence écarte des mains de l'enfance et de celles des méchans, qu'on ne donne qu'avec précaution et par ordre du médecin. Jean-Jacques Rousseau avait presque raison, quand il écrivait que si la *science* eût été nécessaire au bonheur des hommes, les hommes seraient nés savans. Et moi, j'observerai que notre grand Dieu, nous en a montré tout le danger, dans la sentence de mort qu'il prononça lui-même au premier homme.

Chez un peuple qui sait lire, l'ambitieux impie, le démagogue habile trouvent toujours de sûrs moyens de soulever les esprits et de corrompre les cœurs, par les secours et les ressources que leur fournissent les maîtres d'école et la trop funeste liberté de la presse. Mais arrêtons ici le cours de ces réflexions, qui nous feraient perdre de vue le sujet que nous traitons.

Pétrarque avait l'esprit remuant, factieux, caustique; se mêlant de tout, ne doutant de rien et se croyant au dessus de tout. Il avait le don de la parole; cependant elle lui manqua devant la majesté imposante du sénat vénitien.

Une locution brillante et facile, est après la vertu, le plus heureux don du ciel. Ceux qui en abusent, sont les plus coupables de tous les hommes, parce qu'ils persuadent. Celui dont la timidité entrave ou tient les expressions captives, est souvent un homme de génie, qui reste confondu dans la foule avec la bêtise, l'ignorance et la médiocrité. Fier de la connaissance qu'il a de lui-même et des autres, les grands théâtres l'épouvantent : sa modestie, comme la simple violete, fuit le grand jour; et s'il communique ses propres lumières, s'il aide de ses conseils, ce n'est jamais que pour ceux qui les recherchent avec le zèle qui caractérise l'amour du bien.... Dans la stabilité d'une vertu irréprochable, un grand caractère ne veut rien devoir qu'à sa propre grandeur, et méprise les honneurs qu'on n'obtient qu'à force de ruse, de flatterie et d'adresse.

Un membre de l'Athénée de Vaucluse, a imprimé que Pétrarque écrivait aux Souverains avec respect et ménagement. Mr. R *** était sûrement dans cette croyance ; je ne saurais penser que ce fut par des calculs *de secte*, faits pour lui attirer le moindre blâme. Nous dirons seulement qu'il s'est trompé, et qu'il n'a point lu les mémoires de sa vie ; où il est démontré que Pétrarque, toujours lui-même, était sans attention, sans considération, sans attachement pour tout ce qui n'était pas lui. Son amour-propre lui persuadait sans cesse, qu'il était l'arbitre essentiel de l'Europe.

L'enfant qui guidait et inspirait ce prétendu grand homme, fit si bien, qu'il fut lui-même l'enfant gâté de son siecle. On est très-tolérant pour celui qui plait ; en lui tout porte à l'indulgence. D'ailleurs, un Souverain est si fort au dessus d'un sujet, d'un simple particulier, qu'il ne croit jamais se compromettre par un excès de bonté. Et pourtant il arrive que sous les apparences d'un zèle mensonger, d'un attachement illusoire, d'une fidélité perfide, on usurpe, aux pieds du trône, des marques d'estime qui ne sont jamais dues qu'à celui qui sert par amour de la gloire et non pour un vil intérêt.

« Des cœurs intéressés les Rois sont tributaires ;
Il faut qu'en les plaignant leurs plus dignes sujets
Laissent au plus avide emporter les bienfaits » *.

C'est en vain que je cherche dans les œuvres et la vie de Pétrarque, la reconnaissance que son siecle et le notre lui doivent. Il n'eût point écrit, il n'eût pas même existé, que les Papes n'en seraient pas moins retournés à Rome, et que l'Italie n'en eût pas moins eu *Sannazar* (14), *Guarini* (15), le Tasse, l'Arioste, Métastase,.... et il m'est bien démontré que *son couronnement* fut plutôt le résultat de la protection du Roi Robert, acquise par la sienne auprès de l'aimable Laure, que de la sublimité prétendue de son génie. Et peut-on en douter, quand c'est le grand Bossuet qui le dit, c'est lui qui parle : « Pétrarque, Poëte célèbre, que les étrangers venaient voir de loin, est couronné de lauriers à Rome, dans le capitole. Robert, Roi de Naples, protecteur des gens de lettres, lui procura cet honneur ».

---

* Gaston et Bayard. Tra. Act. 1. Sc. III.

Après son couronnement, vraie farce publique (16), il fut du capitole à l'Eglise de Saint-Pierre déposer ses couronnes. Le cœur de Laure n'était-il pas le seul *sanctuaire* digne d'un tel hommage ? Séduite par *sa gloire*, imaginaire pour l'être judicieux, mais réelle pour l'Amour, tout devint possible à ses charmes, qui firent du séjour d'Avignon, un lieu de délices pour Pétrarque même; et l'année 1342. fut entiérement consacrée à leur félicité.

Le couronnement d'un auteur, est aux yeux *de la raison d'état*, une cérémonie burlesque autant qu'impolitique. ... Et le Gouvernement qui la permet, est très-coupable de laisser ainsi prostituer des honneurs qui ne sont dus qu'à la valeur, qu'au sang versé pour la patrie, et non à l'amour-propre, à l'amour de la célébrité, qui la plus part du temps ne font que souiller d'une ancre impure quelques rames de papier.

Quel pourrait être le Français qui, après avoir traversé les crimes et les malheurs de la révolution, ne se ressouviendrait point, avec la plus vive indignation, du couronnement *de Voltaire* et des cris répétés de, *vive l'auteur de la Pucelle d'Orléans*, dont tous les rangs, confondus dans la boue, firent retentir Paris, en se traînant, tumultueusement

tumultueusement enchainés à son char de triomphe, qui est devenu *celui de la révolution* la plus anti-sociale qui eût encore existé ?

> A ce char monstrueux, dégouttant d'homicides,
> Que Mégère attella de tigres, de lyons,
> Construit des ossemens de tant de nations !
> Verrions nous, sans effroi, donner encor des guides
> A son train foudroyant, qui, dans divers climats,
> Effaça, d'un seul trait, le trône et ses états ?

O, grand Dieu ! qu'à ce souvenir on sent son ame oppressée de douleur; quand on songe que le bon LOUIS XVI. ce sublime ami du peuple, porterait encore sa couronne, s'il eût empêché Voltaire *de mériter la sienne* ! ! !

Tout Monarque doit planer dans ses états au dessus de son siele, afin de préparer à ses sujets un bonheur dont ils ne jouiront que quand il ne sera plus.

Lorsqu'un homme de talent et de génie se sacrifie pour faire regner la justice, il a pour lui l'arbitre éternel des destinées ; dès lors tout parait n'exister que pour favoriser ses généreux projets: sa vertu devient sans égale, assure son triomphe et donne à sa gloire un éclat si brillant et si pur, qu'on ne saurait le comparer qu'à la lumiere du jour. Mais

Quand la raison d'état se mêle au sacrilége,
LE RANG NI LA VERTU n'ont plus de privilége. *...;

Quel homme sensé ne trouvera pas honteux, répréhensible que, dans la ville des martyrs, on se soit fait un mérite de souiller la couronne de lauriers au point de la placer sur une tête qui n'était remarquable et connue que par les élans d'esprit et les efforts continuels d'un amour adultère ? Eh ! quel jour choisit-on, pour donner un si étrange et si grand scandale ? le jour de Pâques, la fête la plus solennelle de l'année ! Et c'est dans la ville même des Césars et de *Jésus-Christ*, qu'on a donné le spectacle révoltant d'une cérémonie aussi impolitique qu'irréligieuse !

Hélas ! pourquoi faut-il, qu'à une époque de régénération, nous ayons encore à rougir nous-mêmes du monument que l'Athénée de Vaucluse lui a élevé ? J'ai beau en chercher le motif, je ne le trouve que dans *la philosophie*, qui conserve avec soin, comme une Vestale le feu sacré, les brandons d'une révolution impie et barbare.

La clarté des incendies n'est point la lumière.

L'Athénée l'a jugé digne de cette faveur insi-

---

* Corneille. Polyeucte.

gne, parce que, dit-il, *ses vers sont jolis et qu'il est le restaurateur des lettres.* Il est bien positif qu'il ne l'a pas été en France, et je puis même dire en Italie, puisqu'il est démontré que le Dante, sans mentionner les écrivains qui étaient avant et du temps de Pétrarque, était le plus célèbre de tous.

Les Romains, s'il leur avait resté quelque chose *de Romain*, auraient été profondément indignés, en voyant prostituer les lauriers de la gloire dans son temple même ; dans ce fameux capitole ! où tant de grands hommes virent la patrie reconnaissante, tresser les plus immortels rameaux pour honorer leur front victorieux.

Le Dante aurait été aussi couronné sans son exil. Mais il ne voulut l'être, comme Boccace nous l'apprend, dans des vers adressés à Pétrarque, que dans sa patrie. Il disait souvent : *Je veux recevoir la couronne où j'ai reçu le baptême.* Une mort précipitée le priva de cet honneur.

L'abbé du Resnel nous apprend, d'après Saint-Bonaventure, qu'un compositeur de chansons profanes fut couronné par un Empereur; mais l'abbé de Sade, pour détourner le soupçon que ce ne soit de Pétrarque dont il veuille parler, dit que la cérémonie ne se fit point au Capitole.

Albertini Mussati, historien et poëte, fut couronné à Padoue. Il était ministre de l'Empereur Henri VIII. Tout cela prouve que les honneurs attachés au couronnement, n'étaient pas si difficiles à obtenir, et qu'ils dépendaient plus de la faveur que du talent. Il en était alors de la couronne de laurier, comme aujourd'hui du fauteuil académique. Et sous plusieurs considérations, les vers de Charles IX. roi de France, sont dignes de trouver ici une place :

« L'art de faire des vers, dût-on s'en indigner,
Doit être à plus haut prix que celui de regner.
Tous deux également, nous portons des couronnes ;
Mais Roi, je les reçois, Poëte tu les donnes.
Ton esprit enflâmé d'une céleste ardeur,
Eclata par soi-même et moi par ma grandeur.
Si du côté des Dieux je cherche l'avantage,
Ronsard est leur mignon et je suis leur image.
Ta lyre qui ravit par de si doux accords,
S'asservit les esprits dont je n'ai que les corps.
Elle t'en rend le maître et se fait introduire
OU LE PLUS FIER TYRAN NE PEUT AVOIR D'EMPIRE.

Hé bien, ce Ronsard, d'abord page du duc d'Orléans, et ensuite gentilhomme de Jacques Stuard, Roi d'Ecosse, était aussi admiré de son temps. On l'appellait le Prince des Poëtes, et pourtant aujourd'hui ses poésies ne sont pas même supportables.

Dans les lettres-patentes que le Comte d'Anguilara fit expédier à Pétrarque, après son couronnement, les Sénateurs déclarèrent qu'il ayait mérité le titre de grand poëte et historien ; que pour marque spéciale de sa qualité de poëte, ils lui ont mis la couronne de laurier, *et lui ont donné* dans l'art poétique, par l'autorité du Roi Robert, par celle du Sénat et du Peuple, *la pleine et libre puissance de lire, disputer, expliquer les anciens livres, en faire de nouveaux, composer des poémes et de porter dans tous les actes et ailleurs, les couronnes de laurier, de hêtre, de myrthe et l'habit poétique.* Enfin on le déclare citoyen romain, et on lui en donne tous les priviléges, pour prix de l'affection qu'il avait toujours eu pour la ville de Rome et pour la République.

N'est-ce pas plutôt un brevet de folie, expédié par d'aveugles enthousiastes à l'esprit de son siècle, qui était celui des paladins, des troubadours et de l'exagération?

Nous venons donc de voir que ces lettres-patentes furent l'effet de la faveur, le prix du républicanisme, plus encore peut-être que du talent ! Et disons que l'intérêt que le Roi Robert y mit, tient de l'erreur étrange dont maints Souverains détrônés se sont laissés investir, en permettant qu'on publiât des ouvrages, qu'on jouât des pièces où la plus ardente démagogie était préconisée, déifiée même ! tandis que c'était autant de vrais et puissans léviers qui ébranlaient les trônes jusques dans leurs fondemens.

Mais à propos d'ouvrage, y a-t-il rien de risible, comme *le pouvoir miraculeux* qu'on donne à Pétrarque de faire des poémes, c'est-à-dire, *qu'on lui permettait d'avoir du génie.* Il n'a point abusé de la permission, car la plus éminente qualité de son génie a été, à cet égard, la discrétion la plus entière. J'ai beau lire dans son *épitre à la postérité*, qui est parvenue à son adresse, Dieu sait comment, que ce fut en parcourant les montagnes, qu'il conçut l'idée de faire un poéme héroïque *du grand Scipion*, dont le nom ne lui paraissait pas moins illustre que tous les emplois, je reste convaincu qu'un poéme sur ce sujet est encore à faire. Il échoua dans son entreprise, car le poéme achevé, ce fut pour la gloire de son auteur et celle du héros, tout comme s'il n'avait jamais paru *d'affrica*.

Et comme l'observe *Végio Maffée*, ne dirait-on pas, qu'il ne pouvait tirer sa gloire que du concours unanime de tous les hommes assez foux, pour vouloir établir sa réputation sur le certificat d'un ignorant de Notaire ? Dans tous les temps, l'injustice et la folie ont été de mode.... Dans tous les temps, pour me servir des expressions de notre bon la Fontaine, les hommes ont été

> De glace aux vérités,
> Et de feu pour les mensonges.

Oui, je ne crains point de le dire, si Pétrarque n'eût jamais parlé d'amour, après sa mort on n'eût jamais parlé de lui : son nom fût resté, avec ses œuvres latines et son *Scipion*, dans l'obscurité et dans l'oubli. Je ne dirai point que si Laure n'eût pas existé, il n'eût eu aucune célébrité ; ce genre d'odes Anacréontiques était le sien, il le connut de bonne heure et s'y livra avec passion. Et il est démontré qu'il eût fait pour une autre ce qu'il a fait pour Laure. Elle ne fut pour lui que *l'occasion* qui nous instruit du talent pour lequel la nature nous a favorisés. Son cœur était dans sa tête, et non sa tête dans son cœur ; ce qui serait digne d'éloge pour l'homme d'état, mais non pour un amant.

En finissant de le considérer comme poëte, je ne cesserai de répéter que l'Athénée de Vaucluse n'aurait dû voir en lui que l'ennemi de la France et non *l'homme de lettres*, dont l'influence n'a pu être pour nous autres Français, que nulle ou funeste.

Sous les rapports de la politique, quels services Pétrarque a-t-il rendu à la France, à l'Italie, à l'Europe? Aucun. Au contraire, si elles n'ont pas été bouleversées de son temps, comme elles l'ont été de nos jours, c'est que les esprits n'étaient point encore préparés ; le philosophisme n'existait que dans quelques têtes républicaines, dont les efforts étaient *trop impuissans*, pour recruter la secte et propager ses funestes principes.

Les expressions que Pétrarque employait, soit en parlant, soit en écrivant aux Puissances, prouveraient, sans recourir à ses relations secrettes avec Rienzi, qu'il était l'ennemi des Rois.

C'est dans la correspondance des gens de lettres que l'homme entier se dévoile ; c'est donc là qu'il faut le juger. Là, son esprit est sans méditation, et son cœur coule de source.

Dans une assemblée, convoquée à Rome le 20 Mai 1347, Rienzi, de retour de son ambassade à Avignon, s'y exprima avec une si artificieuse adresse, cacha si bien sa perfidie et montra tant de dévouement, qu'il fut élu tribun du peuple, mis en possession du Capitole, et investi d'une pleine autorité. Il n'en fit usage que pour faire des malheureux.... Déposa les Sénateurs nommés
par

par le Pape, tyrannisa les nobles et fomenta la révolte dans toutes les villes de l'Italie, en les appellant au secours de *la ville-mère*. Plusieurs croyant que Rome allait reprendre son antique splendeur, envoyerent *des anneaux d'or*, comme garants de leur fidélité et des secours qu'elles promettaient.

Malgré cela, malgré ses propres succès, son attachement sincère à Pétrarque, sa confiance aveugle à ses conseils violens, et malgré *les petites ruses* qui lui étaient propres, et l'ardeur de son ambition démésurée, il ne compta, pour résultat de ses travaux et de ses crimes, que quelques instans de triomphe, qui n'obtinrent du sort et de son pays, ni honneur, ni gloire, ni aucun avantage pour sa fortune. Le peuple avait d'abord cru bonnement, car c'est ainsi qu'il croit, à ses fallacieuses promesses; mais à peine ses yeux se dessillerent, que la haine et l'indignation furent seules constantes pour assurer sa chûte et préparer son supplice.

« Qui est haï de tous ne saurait long-temps vivre. »

Qu'il est fou l'ambitieux qui fonde les calculs de ses turbulentes passions, l'espoir de ses coupables desseins sur la volonté et l'amour du peuple!

T

Mais le peuple a-t-il une volonté?... Est-ce en avoir une, que d'agir d'après celle des autres, et de n'énoncer que les idées qu'on vous suggere? Le Peuple est une machine destructive quand il est mu par des factieux, un *troupeau à cheveux* sous un tyran, et *rien*, lorsqu'il croit être *tout*.

Si Rienzi eût été un de ces hommes dont le génie prodigieux survit à tous les siècles, dont l'ambition, l'audace et la valeur sont inspirées et soutenues par la fortune et le plus ardent amour de la gloire, qui, sans sortir de leur cœur, sont toujours dans celui des autres, qui préparent, préviennent et dominent les événemens, au milieu même des plus menaçans orages, qui restent calmes

Au feu des passions comme à celui des armes;

qui enchaînent des peuples entiers avec autant de facilité qu'un chasseur ses chiens, qu'une coquette ceux qui l'entourent, je ne saurais douter que Pétrarque ne se fût associé à son triomphe comme à ses crimes. Et si Rienzi se vit honteusement chassé de Rome par le même peuple qu'il avait révolté, c'est à lui seul qu'en fut la faute. Pétrarque avait fait avec un zèle *inexprimable* tout ce qui était en son pouvoir, pour attirer à Rienzi la confiance et l'amour des Romains, et pour enflammer et sa tête et son cœur

D'un feu plus dévorant que celui des enfers.....*

D'après cela, quel est l'esprit qui serait assez pénétrant, assez infatigable pour calculer le mal et les progrès de cette révolution romaine, si la nature eût prodigué à Rienzi les moyens d'exécuter les conseils ambitieux de Pétrarque ?

« Souvent des scélérats ressemblent aux grands hommes. »

Quand la fortune paraît s'être entièrement déclarée pour eux, c'est l'instant où elle se lasse ; aurait-elle de quoi fournir à une continuelle témérité ? Non : d'ailleurs, ses faveurs ne sont jamais si pures qu'il n'y ait quelque mélange qui les corrompe, outre que les choses de ce monde sont sujettes à une perpétuelle vicissitude.

Mais faisons le moins de réflexions possibles ; contenons notre imagination, et imposons silence à notre cœur ; car mon seul projet dans *cet Essai*, est de faire connaître Pétrarque par lui, plutôt que par moi.

---

* Ce Vers, est de Voltaire, et l'on pourrait, sans doute, le placer comme épigraphe au frontispice de ses Œuvres.

Suivons-le dans son voyage en France, ou plutôt voyons ce qu'il en dit au cardinal Colonne, à qui il écrit d'Aix-la-Chapelle, le 22 juin 1333.

« J'ai parcouru la France par curiosité seulement ; j'ai enfin vu cette fameuse capitale des Gaules, qui se vante d'avoir Jules César pour fondateur. C'est une grande ville sans doute ; mais fort au dessous de sa réputation. Pour moi, je n'en ai pas trouvé de plus sale et de plus puante, si j'en excepte Avignon. »

« Aix-la-Chapelle est une ville fameuse où Charlemagne avait fait bâtir un temple en marbre, où l'on voit son mausolée que ses peuples barbares révèrent.... Quelques Prêtres de ce temps m'ont raconté une histoire et que j'ai lue ensuite dans de vieux manuscrits et dans quelques auteurs modernes. Le Roi Charles, à qui *on ose donner le nom de grand* et comparer à Alexandre et à Pompée, fut tellement épris d'amour, qu'il négligea sa réputation, dont il était si jaloux (*c'est contradictoire*) et le gouvernement de ses états. Il passait les journées entières avec sa maîtresse. Une mort imprévue vint fort à propos enlever l'objet de sa honteuse ivresse. Grande joie à la cour de Charles, mais elle ne se manifesta point et ne fut pas de longue durée. Car après que Charles eut fait embaumer le cadavre, il l'habilla de pourpre, le couvrit de pierreries, et le tenait embrassé jour et nuit. Quand les Ambassadeurs et les ministres venaient lui parler, ils trouvaient les portes de la chambre fermées, et ses gens leur disaient en secret, qu'il tenait le corps puant de cette femme, l'appellant sans cesse par son nom, et lui tenant les propos les plus tendres. On ajoute à ce récit, quelque chose, dit-il, de plus inconcevable encore. »

Mais pas autant que de voir un homme *sensé* l'écrire à un cardinal dont la qualité de Prince de l'Eglise, sans faire mention de son esprit, devait l'en empêcher. Mais voyons donc ce qu'on ajoute de plus inconcevable encore.

« L'évêque de Cologne qui jouissait d'une grande réputation de sainteté, et qu'on regardait comme la meilleure tête du conseil du Prince, eut pitié de son état et pria Dieu de faire cesser un si grand désordre. Un jour, en disant la messe, baignant l'autel de ses larmes, comme de coûtume, il entendit une voix qui disait, que la raison de la folie de Charlemagne était sous la langue de sa maîtresse. La messe ne fut pas plutôt achevée, que l'évêque se transporta dans les appartemens de l'Empereur, et saisissant l'instant où il était sorti, il entra dans sa chambre, et trouva, sous la langue du cadavre, une pierre enchassée dans un petit anneau, qu'il enleva sans qu'on s'en apperçut. Charlemagne ne tarda pas à rentrer. Il ne fut pas plutôt dans sa chambre, qu'il fut saisi d'horreur à la vue du même cadavre, et donna l'ordre aussitôt de l'emporter.... *Mais sa folie ne fit que changer d'objet*, l'évêque remplaça le corps mort. Charlemagne n'agit plus que par son conseil, ne pouvant vivre sans lui, *l'accablait de caresses* ».

Je n'éprouve ici qu'une profonde indignation ; il est des choses qui sont si au dessous de l'homme, que jamais mes regards ne pourraient les atteindre. Que signifient ces paroles révoltantes, inexplicables : *Il ne fit que changer de folie, et prodigua à l'évêque toutes sortes de caresses ?* Cette fable est aussi absurde que Pétrarque est impudent et imposteur. *Le cher Colonne* dut rougir de son ami en recevant une telle lettre ; mais comment Pétrarque est-il assez *barbare lui-même*, assez injuste pour traiter de la sorte ceux qui regardaient Charlemagne comme un grand Roi ? Quelle idée nous donne-t-il de son attachement pour le saint siége, puisque le Monarque qui l'a le plus comblé de bienfaits, * n'avait, aux yeux de Pétrarque, aucun titre assez puissant pour faire respecter la mémoire d'un Roi que l'Eglise même honore. Quelle idée nous donne-t-il de sa philosophie et de son jugement, en insultant aux manes d'un héros législateur, d'un guerrier intrépide et du monarque le plus auguste qui ait jamais honoré le trône ; regardé même jusqu'à ce jour comme le plus grand homme de nos annales ! Il était si vaste dans ses desseins, que personne n'eut, à un plus haut degré, le talent de faire de grandes choses. Eh ! un vil faiseur de chansons, loin de se prosterner devant cette royale poussiere, ose éclabousser de son ancre boueuse et son trône, et son tombeau ! Des Français même n'ont pas rougi d'élever, sur le sol sacré des Gaules, un monument au détracteur absurde et méchant de Charlemagne, *quand Charlemagne* n'en a point. ? C'est pourtant de tous les Souverains, celui que les siecles grandissent chaque jour davantage. Celui-là ne dut rien au crime ni aux circonstances, et ce ne fut qu'à sa tête et à son bras, qu'il fut redevable de sa gloire et de l'Empire.

---

* Une lettre de Léon III. à Charlemagne prouve que le Pape rendait hommage de toutes ses possessions au roi de France.

Le mensonge n'est point sur les levres du sage * ;

Pétrarque se trouvant à Paris à l'époque du retour du Roi Jean, de sa captivité de Londres, époque d'allégresse et de bonheur pour tout vrai Français, dit *que la Seine, en baignant les tours de cette capitale, paraissait pleurer sa misere et craindre de nouveaux désastres....*

C'est l'expression du poëte et non celle de l'historien. Un voyageur qui ne fait que passer, n'ayant pas le temps de pénétrer le fond des cœurs, de méditer l'opinion, d'épier les instans d'imprudence où elle se découvre, d'observer la disposition journalière des esprits, parle et juge presque toujours comme il est affecté dans le moment qu'il transmet ses remarques ; aussi ne saurait-on trop douter et de ce qu'il a vu, et de ce qu'il rapporte.

« Où est donc Paris, s'écrie Pétrarque en y entrant, où est cette capitale de la France, qui quoiqu'inférieure à sa réputation et aux fables qu'on publiait d'elle, était sans contredit une grande ville ? Où sont ces richesses qu'on voyait étalées, cette joie publique, cette ardeur d'étude, cette

---

* Odis. Trad. de M. de Roch. Liv. III.

foule

foule d'écoliers qu'on entendait disputer dans les rues ; au bruit de leurs syllogismes a succédé celui des armes, des corps-de-garde et des machines de guerre ; au lieu de bibliothèque, on n'y voit plus que des arcénaux. La tranquillité qui y regnait comme dans son temple, en est bannie. Les rues sont désertes, les chemins couverts d'herbes et de ronces, ce n'est plus qu'une vaste solitude. »

Qu'aurait-il dit, s'il eût vu, comme nous, tous les cœurs gangrénés, les esprits frappés de terreur ; la Seine et la Loire teintes du sang le plus pur ; l'enfance privée d'éducation, la vieillesse de secours et le sexe d'égards et de respect ? Qu'aurait-il dit, s'il eût vu l'incendie des châteaux des Seigneurs les plus bienfaisans, la profanation des tombeaux les plus saints, la destruction des monumens, des temples et des autels; le massacre des riches et des nobles, des prêtres (17) et des officiers; l'assassinat juridique du meilleur des rois, de la reine la plus auguste, de la princesse la plus vertueuse et l'horrible empoisonnement, plus affreux encore, s'il était possible, de ce royal enfant que ses droits au trône, son innocence, ni son âge, ni ses larmes ne purent garantir de la fureur *des impies* et des bourreaux (18) ? Qu'aurait-il dit, s'il eût vu les femmes se prostituer dans les rues, et l'astre du jour éclairant, sans pâlir, de ses rayons les plus éclatans, l'infamie *parfaite* de cet horrible tableau ? Qu'aurait-il dit, s'il eût vu le fils armé contre son père, les valets commander à leurs maîtres et s'étudier à les faire trembler ; les maris honteux de leurs liens, le père méconnaissant ses propres enfans, l'épouse et la mère préférant la débauche la plus dégoûtante aux douceurs les plus célestes de la tendresse et à la gloire de l'amour de ses devoirs ? Qu'aurait-il dit, en voyant l'ami trahissant son ami, le frère dénoncer son frère pour s'engraisser de son sang ; et le peuple ne reconnaissant plus de Dieu ni de Roi, ni de Pontifes, ni de lois ; l'honneur devenu un préjugé, la vertu un ridicule et la fidélité un crime ?......

» La soif de commander enfanta les tyrans,
Du Tanaïs au Nil porta les conquérans ;
L'ambition passa pour la vertu sublime ;
Le crime heureux fut juste et cessa d'être crime....
On ne vit plus que haine et que division,
Qu'envie, effroi, tumulte, horreur, confusion. »*

En vérité Pétrarque n'eût pas été ému par tant d'abominations. Lorsqu'on a été assez scélérat

---

* Boileau.

pour conseiller à Rienzi, *de n'avoir dans sa révolte aucun égard aux liens du sang, ni à ceux des sentimens les plus chers*, et de ne lui proposer d'autres modèles que *les Brutus*, les plus célèbres assassins dont l'histoire fasse mention, deux monstres à jamais maudits ; je le demande à l'Athénée lui-même, s'il croit qu'il eût éprouvé cette noble et généreuse indignation d'un cœur royaliste, honnête et sensible ?

Après un *tel conseil*, qui, en trois mots, peint mieux son ame que toutes ses œuvres ensemble, ne suis-je pas autorisé à dire, qu'il avait les mêmes principes des novateurs factieux et sacrileges de nos jours, qui n'agissaient jamais jamais par raison, mais toujours par vengeance, par haine, par passion ? Le but sanctifiait le moyen, quelque horrible qu'il fût. « *Leur iniquité sort toute orgueilleuse du sein de leur abondance. Ils sont comme enveloppés de leur impiété et recouverts du mal qu'ils ont fait. . . . Le méchant a été en travail pour produire l'iniquité, il a conçu le mal et enfanté le crime.* »

L'Empereur d'Allemagne envoya en 1357. un diplome à Pétrarque, qui le fesait *Comte Palatin*, et lui accordait les privileges les plus flatteurs. A la même époque, Pétrarque répondit à

Simonide, qui l'engageait d'aller à Naples : « Puis-je céder à vos instances, après avoir résisté à l'Empereur, au roi de France et au Pape, qui me comblent les uns et les autres de bienfaits et de caresses, *pour que je les laisse jouir de ma présence*. Le Pape vient encore de me donner deux bénéfices, il m'en promet plusieurs autres, et Zénobie et son prédécesseur n'auraient pas eu le leur, si j'eusse voulu l'occuper. » *

En peu de mots il se peint lui-même ; on distingue dans ceux-ci sa vanité, son égoisme et son amour-propre ; mais encore un moment, et nous le verrons par sa conduite comme par ses discours et ses écrits, ingrat et insolent, inconséquent et perfide, religieux et factieux tour à tour.

« Ce n'est pas moi, répondit-il à l'Empereur, qui dois faire le voyage d'Allemagne, c'est à vous de venir en Italie. Vous traitez avec trop de mépris la reine du monde; je vous l'ai reproché plus d'une fois, *je vous ai menacé de vous dénoncer au tribunal de la postérité*. Mon serment, direz-vous,... Hé! pourquoi l'avez-vous fait ce serment, qui prive l'Empire de son chef et l'Empereur

---

* Les seigneurs Colonne et Correglo, lui firent avoir l'archidiaconé de Parme.

de sa capitale. Quoi ! l'auteur de la liberté publique sera donc l'esclave d'un vain serment.... »

Quelle morale ! est-ce là celle *des bons politiques*, des plus sages philosophes, des vrais amis du peuple ?

« Le repos des bons rois sur l'équité se fonde,
Et celui des tyrans sur le malheur du monde. » *

Le cœur de Pétrarque, corrodé d'ambition, introduisait dans sa volonté comme dans ses plans, le désordre et la confusion ; car si le Pape, l'Empereur et Rienzi eussent suivi ses conseils *abderitiques*, ils se fussent trouvés tous les trois à Rome, rivalisant d'autorité, d'ambition et d'intérêt.

« Marchez, Prince, continue-t-il, ce mur d'airain tombera devant vous. Vous m'entendez, César, il suffit..... J'ai fait mon devoir, je suis quitte envers mon siècle et la postérité. »

Comme les philosophes de tous les temps se ressemblent ! comme ils sont charlatans ! que leur orgueil est extrême ! que leur langage est exagéré ! quand ils ont fait de grandes phrases, ils se croyent de grands hommes. Le devoir, ils le mé-

* Macbeth, Trag.

connaissent, et par un trop funeste talent, les siècles futurs sont encore souillés par leurs écrits. Aussi, comment ne pas reconnaître le tort irréparable qu'eut l'infortuné *Mr. de Malesherbe*, à qui toute ame sensible doit un soupir et des pleurs, de ne regarder tout livre, soit impie, soit religieux, que comme une affaire de commerce ? Et encore aujourd'hui, malgré la fatale expérience du mal affreux qu'a fait la plume, *la manufacture des livres* est plus en activité que jamais ; et Dieu veuille que l'avenir ne fasse point encore maudire la licence de la presse ! Si les leçons de la révolution sont perdues pour nous - mêmes et pour nos neveux, nos craintes s'augmentant à mesure que la foi s'éteint, la société se corrompant chaque jour davantage, et abusant de son existence, finira par ne plus exister. Et je suis bien éloigné de penser que l'on soit long-temps, comme *les grands esprits* se l'imaginent, à l'abri d'un bouleversement général, qui plongera l'Europe, et peut-être le monde, dans la confusion horrible du cahos des passions et de la politique, ou pour toujours dans la barbarie ou le néant. Et c'est ici le cas d'appliquer à tous les gouvernemens d'à-présent, ce que Rousseau dit d'un seul, *qu'il est parvenu à son dernier degré de corruption*, quand il n'a plus d'autre nerf que l'argent. Et qu'il ne peut subsister, si les revenus n'augmentent sans cesse * .... Mais ce qu'il a dit de mieux, c'est une vérité qui devrait être gravée profondement sur le glaive des conquérans, *que l'ambition est mieux servie par le devoir que par l'usurpation* !!!

Voyons si comme ecclésiastique, Pétrarque sera envers le Pape, plus réservé et plus respectueux dans ses expressions qu'il ne l'a été avec l'Empereur.

« J'espérais de vous de plus grandes choses, écrit-il à Urbin v. Je vous observe ... je vous attends depuis plus de quatre ans. Vous avez fait de beaux réglemens, tout est dans l'ordre à Avignon (*on n'a sans doute pas oublié les horreurs qu'il en a dit ailleurs*). Mais que fait Rome ? quel est son état ? quelles sont ses espérances ? a-t-elle des consuls ? a-t-elle des Pontifes ? La maitresse du monde languit dans un triste veuvage. Le peuple romain vous attend les bras ouverts, vous appelle et vous êtes sourd à sa voix.... Comment pouvez-vous goûter le repos sous des lambris dorés, pendant que le palais de Latran

----
* *Discours sur l'écon. polit.*

est en ruines, que la mère des Eglises est sans toit et que les demeures des Apôtres ne sont que des décombres ? Que faites-vous à Avignon ? Les brigands armés osent vous insulter au milieu de votre cour. Ah ! dites-vous, j'ai négligé mon épouse et Dieu m'en punit. Voila les sources de tous les maux qui désolent le monde chrétien. Si vous n'êtes pas un mercénaire, si vous êtes un vrai pasteur, n'allez pas dans les pâturages de l'Eglise chercher des ombrages frais et de claires fontaines. Volez où les besoins du troupeau vous appellent, où les voleurs sont les plus à craindre ; le loup frémit à la porte du bercail, et vous sommeillez.... Les représentations que je vous fais aujourd'hui, je les ai faites avec autant de chaleur à l'Empereur. Le successeur de César m'écouta avec bonté, celui de Saint-Pierre sera-t-il moins indulgent ? Rendez à Rome son époux, sinon son Empereur. Dispensez-le du serment qui l'enchaine (*tout à l'heure, il était moins scrupuleux en parlant à lui-même*). Refuser votre présence à cette ville, c'est cruauté ; défendre à l'Empereur de la consoler par la sienne, c'est envie. Que votre fortune ne vous aveugle pas.... Quand nous paraitrons au tribunal de Dieu, il vous dira, je vous ai confié mon église, où l'avez-vous laissée ? J'a-
vais

vais choisi le capitole pour votre résidence , que faisiez-vous sur le rocher d'Avignon ? que répondrez-vous à Saint-Pierre, quand il vous dira , je sortais de Rome, je fuyais Néron, mon maître me reprocha ma faute ; je rentrai dans Rome , et je courus à la mort. Mais vous , quel est votre tyran , quel est celui qui vous a chassé ? Dans quel état est mon temple, mon tombeau, mon peuple ? Vous avez habité les bords du Rhône, vous y naquîtes , dites-vous. N'étais-je pas né en Galilée ? Saint-Père, je crois que vous préférez des vérités dures à des mensonges flatteurs ; si je me trompe, pardon, je me prosterne à vos pieds. »

Tout cela , dit l'abbé de Sade, n'est pas plus énergique , plus véhément que les mémoires de deux évêques, présentés au concile de Vienne, ni plus fort de raison , que le discours de Nicolas Orême, évêque de Lisieux, ni plus religieux que les œuvres de Sainte-Cathérine de Sienne. D'où je conclus que c'est moins à Pétrarque qu'à la multiplicité d'écrits dont l'esprit et le cœur du Pape furent assiégés , qu'il faut attribuer le retour du Saint-siége à Rome. D'ailleurs, les affaires de l'Europe , à cette époque , n'étaient plus les mêmes que sous le regne de Jean XXII. et de Benoit XII.

Urbin , au lieu de lui répondre *méchant ,*
X

éloignez-vous de nous et nous méditerons les paroles de notre Dieu*, répondit qu'il serait bien aise de le voir et de lui donner des preuves de sa bienveillance......

C'est par de tels excès de tolérance, dont les ministres ** qui les souffraient étaient plus coupables que le Souverain même qui se les permettaient, qu'on a autorisé les gens de lettres à s'affranchir de toute réserve, à traiter, si l'on peut le dire, d'égal à égal avec les Puissances. Aussi ont-ils fini par ne leur donner que des témoignages de haine, et par ne laisser paraître pour elles que l'affectation du plus insultant mépris. Je conviens que ce sont là *les grandes obligations* dont l'Europe entière est redevable à Pétrarque,.... Car il est le premier qui n'ait pas craint de donner l'exemple pernicieux de la familiarité et d'une locution audacieuse envers les Souverains; et voilà sans doute pourquoi les philosophes le regardent comme *le père des gens de lettres.* Mais c'est aussi dans cette violation réciproque des devoirs, vraie

―――――――――――――――――――

* Psaume CXVIII.

** Les bons rois dépendent encore plus des ministres que de la nature, car ils les rendent tels que leur opinion et leurs intérêts exigent qu'ils soient...................

confusion des droits, abandonnés d'une part, et des sentimens dus et méconnus de l'autre, que je vois la source de tous les désordres dont la malheureuse Europe est affligée.

Oui, plus j'y réfléchis, et moins je puis concevoir la sécurité des Puissances sur le danger que les gens de lettres leur font courir. Ne peut-il pas s'élever encore un Voltaire et un Rousseau ? Si cela arrive, il n'y aura point d'armée capable d'arrêter les efforts prodigieux de leurs plumes, celles de leurs prédécesseurs, leurs chefs et leurs guides, l'ayant rendu impossible, en leur préparant les voies les plus obliques; que leurs disciples, dans le délire de la séduction, souillerent du sang sacré de l'innocence ! L'Europe, alors détrônée, n'offrira plus que le triste spectacle d'un vaste désert, obstrué de débris, de ruines et de cadavres. Ah ! qu'on n'oublie jamais ce que l'auteur *des célèbres Considérations sur la France*, a si judicieusement observé. « Trop de savans Français, dit-il, furent les principaux auteurs de la révolution, trop de savans Français l'aimerent et la favoriserent, tant qu'elle n'abatit, comme le bâton de Tarquin, que les têtes dominantes. Ils disaient, comme tant d'autres : Il est impossible qu'une grande révolution s'opère sans amener des malheurs. Mais lorsqu'un Philosophe se console de ces malheurs, en vue des résultats ; lorsqu'il dit dans son cœur, passe pour *cent mille meurtres*, pourvu que nous soyons libres ; si la providence lui répond, j'accepte ton approbation, mais tu feras nombre, où est l'injustice »? Ici, je serais trop coupable, si l'amour-propre m'aveuglait au point de préférer mes réflexions à celles que le plus grand génie de l'Allemagne me fournit, pour donner encore plus de poids aux vérités importantes qu'on vient de lire. Leibnitz ! à ce nom, un Bossuet peut seul, si j'ose le dire, rester le maître de son entendement, ce grand homme semblait prévoir tous les maux qui menaçaient la France ; car c'est dans notre langue qu'il a écrit : « * On tourne en ridicule ceux qui prennent soin du public ; et quand quelque homme bien intentionné parle de ce que deviendra la postérité, on répond : *alors comme alors*. Mais il pourra arriver à ces personnes d'éprouver elles-mêmes les maux qu'elles croyent destinés à d'autres. Si l'on ne se corrige de cette maladie d'esprit épidémique dont les effets *commencent à être visibles*, si elle va croissant, *la providence* corrigera les hommes *par la*

---

* Essai sur l'Entendement humain.

révolution même qui en doit naître.........

Fasse le ciel que cette prophétie ne trouve plus dans l'avenir, rien qui en perpétue les craintes et les malheurs ! Mais, quoi qu'il en puisse être, nous observerons aux amis de la *liberté* de la presse et par conséquent des ouvrages dangereux qui en sortent et que publie impunément chaque jour la philosophie moderne, ce qu'*Omar* répondit, dans le septième siècle, à ceux qui voulaient empêcher l'Arabe *Amrou* d'incendier la fameuse bibliothéque d'Alexandrie : *Si ce qu'elle renferme*, dit-il, *est dans le livre du Prophéte, elle est inutile ; si elle contient des choses différentes, elle est dangereuse.* La conséquence de ce dilême sarrasin fut de la livrer aux flammes. Et l'application que j'en fais est assez sentie par tous les esprits religieux et par tous les vrais amis de l'humanité, pour que je sois dispensé de délayer ma pensée.

Maintenant, examinons si Pétrarque, dans ses conseils à Rienzi, sera moins digne de blâme, si ses principes politiques et religieux acquéront de la stabilité, de la modération et de la rectitude. Examinons, dis-je, si les sentimens de reconnaissance et d'attachement, qu'il doit au Pape et à l'Empereur, s'accordent avec ceux qu'il témoigne au Tribun ; où l'on trouve cet amour effréné du système républicain, qui couvrit de ruines et de crêpe le plus florissant empire de l'univers. Dans tous les temps, depuis *Nemrod* jusqu'à *Marat*, il y a eu *des Jacobins* ; dans tous les temps l'esprit d'indépendance a occasionné les plus grandes secousses et les plus grands désastres dans le corps social : Et comme l'a dit le général Dumourier, dont l'assertion ne saurait être suspecte : *L'amour de la liberté, s'il est mal entendu, est le plus dangereux de tous les préjugés populaires.* * Renforçons son expression par ce que dit le sublime Bossuet en parlant des peuples : « Il ne faut point s'étonner s'ils perdirent le respect de la majesté et des lois, ni s'ils devinrent factieux, rebelles et opiniâtres. On énerve la religion quand on la change, et on lui ôte un certain poids, qui seul est capable de tenir les peuples. Ils ont dans le fond du cœur je ne sais quoi d'inquiet qui s'échappe, si on leur ôte ce frein nécessaire ; et on ne leur laisse plus rien à ménager, quand on leur permet de se rendre maîtres de la religion. » **

---

* Lettre au Trad. de sa vie.

** Oraison funèbre de la Reine d'Angleterre.

Après de si fortes réflexions, après une expérience aussi longue et aussi cruelle, les vrais amis du peuple, *les éclairés gouvernans*, ne prendront-ils jamais les moyens salutaires que leur offre *l'éducation* et les lois.... pour préserver l'humanité des malheurs que perpétuent l'ambition et l'impiété ?.... Mais ne nous laissons point entraîner par un trop ardent amour du devoir, il nous éloignerait trop de Pétrarque et du siecle où il vivait.....

L'on retrouve dans les lettres de cet ecclésiastique ce néologisme barbare de quatre vingt-treize, qu'il faut regarder comme le délire de la folie la plus absolue et la plus furieuse qui ait jamais existé. Ses lettres ressemlent à ces discours incendiaires, infames que dans la *soulaison* de toutes les passions, quelques Français égarés, abrutis jusques à la férocité, prononçaient, hurlaient au haut d'une tribune construite des débris ensanglantés des tribunaux, du trône et des autels.

Il en est des paroles à peu près comme des actions, les mêmes sont belles dans un temps et horribles dans un autre. Sous un Robespierre, *l'insurrection est le plus saint des devoirs*, et sous LOUIS XVI. c'était le plus noir des forfaits. Le meurtrier de César fut regardé comme un héros, et l'assassin de Henri IV. comme un parricide. Mais Brutus ! bourreau de ses propres enfans, sera toujours un monstre aux yeux des nations comme à ceux de tout être raisonnable, vertueux et sensible.

Pétrarque, en s'adressant aux Romains, dit: « Quel est celui de vous, s'il lui reste du sang dans les veines, qui n'aimât mieux mourir libre que de vivre esclave ! Vous qui dominiez autrefois sur toutes les nations, qui voyez les rois à vos pieds, vous avez gémi sous un joug honteux ; et ce qui met le comble à votre honte et à ma douleur, vos maîtres étaient des étrangers, des novateurs : recherchez bien leur origine, vous verrez que la valée de Spolette, le Rhin, le Rhône et quelque coin de terre, plus ignoble encore, vous les a donnés. Des captifs menés en triomphe, les mains liées derrière le dos, sont devenus tout à coup citoyens romains, et qui pis est vos Tyrans ! Faut-il s'étonner qu'ils ayent en horreur la gloire et la liberté de Rome, et qu'ils aiment à voir couler le sang humain ! Mais d'où leur peut venir cet orgueil insuportable dont ils sont farcis ! Est-ce de leurs vertus ? ils n'en ont point ; de leurs richesses ? ce n'est qu'en vous volant qu'ils peuvent appaiser la faim insatiable de leur puissance. Elle sera amortie quand

quand vous le voudrez.... (*cela s'entend*). Je ne sais si je dois rire ou pleurer, quand je pense qu'ils trouvent indignes d'eux ce nom *de citoyen Romain !*... que tant de héros se sont fait gloire de porter. Ils veulent à présent qu'on les appelle Princes Romains. Mais que dis-je? il y a long-temps que rougissant même d'être hommes, ils ont poussé la folie jusqu'à se faire appeller Seigneurs. O temps, ô mœurs ! quelle étrange révolution ! quoi, dans une ville où César Auguste, le roi des rois, le maître du monde, défendit par un édit qu'on l'appellât Seigneur, des mendians, des voleurs usurpent ce nom, et se croyent offensés si on le leur refuse. Romains, c'est votre affaire. Pensez que si vous êtes un peuple libre, il ne doit point y avoir des Seigneurs parmi vous. Quelle que soit l'origine de ces étrangers, si fiers de leur noblesse, qu'ils vantent sans cesse ; ils ont beau faire les maîtres dans vos places publiques, *monter au Capitole entourés de satellites, fouler d'un pied superbe les cendres de vos ancetres, ils ne seront jamais Romains.* »

Le nouveau Tribun, que je regarde comme votre troisième libérateur, réunit en lui seul la gloire des deux autres, ayant fait mourir une partie de vos tyrans, et mis en fuite le reste. Il ressemble davantage au premier Brutus, parce qu'il a caché comme lui la grandeur de ses désirs, sous l'apparence de la simplicité : ils ont affecté tous les deux de paraître stupides ; cette feinte était nécessaire au développement de leurs talens et à la réussite de leurs vastes projets..... Je suis témoin qu'il couvait, il y a long-temps, dans le fond de l'ame, ce grand plan, qu'il a fait éclore dès qu'il a trouvé le moment favorable..... *Du temps de Brutus un crime seul révolta nos ayeux.* C'est par des forfaits sans nombre et par les vexations les plus criantes, qu'on est parvenu à lasser votre patience..... »

« Rienzi ! continue-t-il, homme généreux, qui portez tout le fardeau de la République, veillez avec plus de soin sur les mauvais citoyens, que sur les ennemis déclarés. Nouveau Brutus ! que l'image de l'ancien vous soit toujours présente. Il était Consul, vous êtes Tribun. Qu'on lise l'histoire, on y verra que les Consuls ont fait quelquefois des choses atroces contre le peuple ; les Tribuns au contraire ont toujours été ses défenseurs les plus zélés. Si le premier Consul *a sacrifié ses propres enfans à la liberté de la patrie, que ne doit-on pas attendre d'un Tribun ?* (que cette phrase est pleine d'exécration !) Croyez-moi, *ne donnez rien à l'amitié ni au sang.* Quiconque est ennemi de la liberté publique, doit être le vôtre.....»

Non, personne n'est plus amant de la liberté que moi ; mais s'il fallait la conquérir ou la conserver par un crime, elle me serait odieuse.

J'ai cru entendre la voix infernale de l'Hyérophante illuminé, dictant le serment exécrable que l'initié répéte. « *Je brise des liens charnels qui m'attachent à père, à mère, frères, soeurs, épouse, parens, amis, maitresses, rois, chefs, bienfaifaiteurs, à tout homme quelconque à qui j'ai promis obéissance, gratitude ou service...* »

Justice éternelle! l'enfer reste fermé? Il ne s'entrouvre point pour engloutir des monstres qui veulent anéantir les sentimens, les vertus et les lois ; qui, dans l'obscurité des ténébres, préparent la chûte de la société et la désolation de l'univers? Grand Dieu! Dieu tout puissant! prends pitié, selon ton amour, de ton plus bel ouvrage! *Visite-nous pour nous sauver.* *

Horreur de l'espèce humaine! hommes affreux qui nous forcez de vous abhorrer, et d'estimer les bêtes les plus féroces! sachez que *le parjure est*

---

* Psaume 105.

une vertu quand le serment est un crime ; et je dirai à tous tant que vous êtes, ce que je tonnerais au plus coupable d'entre vous s'il était là présent, transportez-vous en esprit aux portes du tombeau, regardez-vous y descendre, et jugez, s'il est possible, après que la jeunesse aura usé vos passions, que la vieillesse et ses infirmités auront achevé de détendre tous les ressorts de vos organes, que vous conserviez assez de force pour braver encore le remords, et assez d'indifférence sur la destinée qui vous attend, pour être même exempts d'inquiétudes ? A présent, *tout ce que vous adorez*, vous flatte, vous sourit ; le crime est votre seule jouissance ; et rien ne vous trouble peut-être ! mais quand la dernière heure aura sonné pour vous, il en sera autrement. Le voile de l'illusion s'éclipsera, et vous serez si ingénieux à vous tourmenter, que vous inventeriez l'enfer même s'il n'existait pas ! Tout alors, tout, jusqu'au lit où votre corps *sera délivré* de votre ame, ne vous rappellera que des crimes, et vous n'arrêterez vos yeux sur aucun objet, peut-être, qui ne vous dise : *je ne t'appartiens point*.... C'est alors que vous regretterez l'humble toit de vos pères, que la seule idée de l'avenir sera pour vous un grand supplice ! que la divinité, se multipliant pour ainsi dire à vos regards, ne s'offrira par tout que sous un aspect terrible et menaçant, et que vous maudirez de n'avoir voulu ni de *Dieu* ni de *Roi.* C'est alors que vous commencerez à souffrir les tourmens éternels de sa colère. Et dans cet état de désespoir et de rage, que direz-vous à votre femme qui peut-être aussi ne vous appartient point ? O quel spectacle! qu'il sera affreux, quand vous ne serez plus pour votre famille, qu'un sujet de malédiction et d'effroi! Oserez-vous recommander à vos enfans d'être toujours soumis à leur mère et d'être unis entr'eux, lorsque vous ne leur aurez donné que des exemples de révolte et d'impiété? Oserez-vous signer un testament frauduleux pour leur partager le bien d'autrui? Ciel! le crime deviendrait le patrimoine de l'innocence ? Non, Dieu juste, Dieu tout puissant, tu ne le permettras point !

Oui, si Pétrarque avait été Tribun, il se fût livré aux plus grands excès, aux crimes les plus inouis! Et je ne saurais être surpris qu'on l'ait soupçonné d'avoir trempé dans le parricide assassinat du roi André, commis à Averse le 18 Septembre 1345.

Après un si horrible discours, un serment si exécrable, me souvenant qu'on vient d'élever à

Pétrarque un monument, la plume tombe de mes doigts, et saisi d'indignation, tout mon sang se souleve et s'arrête au fond de mon cœur :

« Et je rends grace au ciel de n'être pas Romain,
Pour conserver encor quelque chose d'humain. »

Ne donnez rien à l'amitié ni au sang !!!...

O ciel, que d'infamies, que de forfaits dans ces horribles paroles ! A peine Pétrarque eût pu en effacer l'impression par le sacrifice même de sa vie.... Comment, après cela, Madame de Stal, a-t-elle osé dire dans son roman sur l'Italie : *Ici des souvenirs plus séveres honorent à jamais son nom ; et la patrie l'inspira mieux que Laure elle-même.* Mais mon étonnement cesse et mon mépris s'accroît, quand, à travers des souvenirs déchirans, je reconnais la fille du plus coupable de tous les hommes....

Ne donnez rien à l'amitié ni au sang !

Il a donc suffi de quelques goutes d'encre et de quelques larmes d'amour, non-seulement pour faire disparaître, aux yeux de l'athénée, l'odieux de ce principe d'abomination et de politique, mais même pour en trouver l'auteur digne d'être honoré de la reconnaissance la plus glorieuse ? Que n'a-t-il donc fait construire des pierres ensanglantées de la trop *célèbre glaciere d'Avignon*, la colonne qu'il lui a dédiée ? Oui, c'était le seul moyen de la rendre digne de Pétrarque.

Dans son hipocrisie infame et profonde, il ajoute, écrivant à Rienzi : « Homme illustre, les Romains vous doivent le bonheur de vivre et de mourir libres. »

Et nomme, sans rougir, père de la patrie,
Celui qui l'égorgeait chaque jour de sa vie ! *

« Leur postérité, continue-t-il, vous devra de naître dans le sein de la liberté..... On dit que vous n'entreprenez rien sans avoir fortifié votre ame en recevant le corps du Seigneur *avec les dispositions requises.* »

C'est-à-dire, en vrai Brutus ! . . . .

Mr. de Saint-Evremont a raison de penser, qu'on dit souvent aux autres sans nécessité, ce qu'il serait important de se dire à soi-même.

« Je ne saurais trop louer, ajoute Pétrarque, une aussi sainte pratique, que je voulais vous proposer..... Que ne puis-je m'unir à vous,

---

* Catilina Trag.

pour procurer une si sublime régénération ! Mon état, ma fortune ne me le permettent pas. »

Si son état ne lui permettait pas d'agir, il ne lui permettait pas davantage de conseiller ce qu'il lui défendait d'exécuter. Je veux croire que sa fortune ait pu le retenir ; mais quant à son état, c'était le moindre de ses soucis, car il n'y eut jamais d'ecclésiastique plus scandaleux.

« Si vous persévérez, dit-il, comme je l'espère ; vous m'entendrez bientôt chanter votre gloire sur un autre ton, et la répandre par tout l'univers. »

Quoique plusieurs commentateurs pensent que les plus véhémentes déclamations de Pétrarque ne regardaient que les seigneurs de Rome, se disputant les charges municipales de cette ville, il n'est pas moins vrai, que les mêmes pierres qu'il lançait dans leur jardin, ne rejaillissent sur le trône de l'Empereur et sur celui du Pape.

Disons que si *tout ce qui est imprimé* est pour le peuple la vérité même, combien n'est-il pas effrayant le danger du funeste abus de la presse, dont la liberté, assurant celle des opinions religieuses, a toujours produit ou un mal incalculable, ou un bien inutile au bonheur des peuples ? Que n'a-t-on pas imprimé contre la monarchie, et que ne peut-on pas publier encore contre les monarques,

animée

animés par le même esprit de discorde et de calomnie ? La calomnie ! Protée exécrable, fléau perpétuel, que la liberté de la presse doit avoir d'attraits pour toi ?

Avec un tel auxiliaire, un chef de faction se sert de cette liberté pour séduire et corrompre. Ses ouvrages mettent de l'aigreur dans le sein des familles, éteignent l'amour des devoirs, allument des incendies qui peuvent consumer des royaumes entiers ; et par l'ambition de son égoisme et de son orgueil il s'établit sectaire, ne connaît plus de respect, transige indifféremment avec la vertu comme avec le crime, et bientôt tout son être n'est plus qu'un sacrilege ambulant.

Il ne faut pas se le dissimuler, la plume a plus fait de mal que n'en fera jamais l'épée : c'est l'arme dont désormais on ne saurait trop se méfier.

La plupart des Souverains ont trop méconnu son pouvoir ; la plupart ont, dans tous les temps, cherché à éviter l'orage plutôt qu'à le dissiper: comme si la nature était muette, quand il s'agit du bonheur de leurs successeurs. Le présent les absorbe entiérement, oubliant que c'est pour eux un devoir, si je puis le dire, de sémer l'avenir. Et avant de reprendre le fil de mon sujet, qu'il soit permis encore à mon amour pour les peuples, d'observer que le manteau royal ne saurait trop cacher *l'homme*; qu'un monarque ne doit se montrer que du côté qui ressemble à la Divinité; qu'il doit éblouir, remplir les cœurs d'estime, de reconnaissance, de respect et de crainte, plus encore peut-être que d'amour! On sait regner lorsqu'on sait être avare de sa confiance, qu'on aime ses sujets comme soi-même, qu'on sait qu'une marque d'estime, donnée à propos, et comme il convient, peut produire des miracles dans le cœur le plus indifférent et le plus pervers. On sait regner, dis-je, quand on n'a que les pieds à la cour, et que la tête et le cœur se trouvent dans tout l'Empire......

Réponse de Rienzi à Pétrarque.

« Nicolas, Sévére et Clément, Tribun de la liberté, de la paix et de la justice, et libérateur illustre de la sacrée république romaine, à l'illustre et *vertueux* Seigneur François Pétrarque, très-digne poëte couronné, et notre très-cher concitoyen, salut, honneur et pleine joye:»

« Votre aimable lettre, pleine de fleurs de rhétorique et de *bonnes raisons*, fondées sur des motifs *solides* et l'exemple des grands hommes de l'antiquité, charment et portent à la vertu ; on voit clairement dans cette lettre, votre attachement pour Rome et votre zèle pour son état. Nous vous connaissons trop, pour ne pas rendre justice à votre prudence, à votre bonté, pour douter de la sincérité de vos sentimens pour nous et pour la ville. *Aussi, nous et les Romains, nous vous aimons et voudrions contribuer à votre avancement et à votre bien-être.* Plût à Dieu que vous fussiez à Rome. Votre présence décorerait cette ville, comme une pierre relève l'anneau d'or dans lequel elle est enchassée. L'ame de ce peuple est la liberté dont il commence à goûter les douceurs. Il n'y a pas un Romain qui ne se laissât arracher le cœur plutôt que de retomber dans ce triste esclavage, où il a gémi si long-temps. Vous savez que Rome a été la source et le principe de la liberté : *les choses reviennent naturellement à leur premier état.....* Cette ville, après avoir souffert pendant plusieurs siecles la plus cruelle servitude, loue Dieu à présent de voir ses fers brisés. Il n'y a point de perils auxquels les Romains ne s'exposassent pour conserver le bien précieux dont ils jouissent. Soyez persuadé que vous nous trouverez toujours prêts à faire tout ce qui pourra contribuer à votre satisfaction. »

« Donné au Capitole, où la justice regne et où

nous vivons avec un *coeur droit* ; le 28. juillet , indiction quinzieme , la premiere année de la république délivrée. »......

D'après cette lettre on peut juger Rienzi ; elle n'est pas digne d'un ardent républicain. C'est presque celle d'un bon homme, et non celle d'un grand homme, dont les moindres expressions dévoilent le caractère et le génie. Pour être un chef de parti, il faut une ame plus brûlante, une tête plus exaltée, un esprit plus remuant, une élocution plus heureuse. Chacune de ses paroles doivent être pour ainsi dire, autant de leviers, autant de torches qui soulevent et enflamment.

J'ai reconnu, disait Pétrarque, dans le cours de ma vie, que les plus forts liens, pour unir les hommes entr'eux, *c'est l'amour de la patrie pour les gens de bien, la haine de la patrie pour les scélérats.*

Il n'est point de révolution qui ne soit une preuve de la justesse de cette maxime : et si j'arrête mes regards sur celle de mon pays, je dirai qu'il semblait que les Français ne se fussent insurgés que pour effacer de leur propre sang *quatorze siécles de gloire.* Toutes les factions qui se sont succédées, avec une rapidité si surprenante, les ont également trompés ; toutes les ont abreuvés de fiel et de larmes ; et toutes, au plus haut degré, obtinrent sa confiance et son dévouement. Quelle génération pourra croire à un tel *prodige de démence et d'avilissement* ?

Ne pouvant plus douter de la liaison qui existait entre Rienzi et Pétrarque, ni que le gouvernement républicain ne soit le plus orageux de tous, comment ne pas appliquer à ces deux aventuriers, la vérité de ce principe, *que la haine de la patrie ralie les scélérats* ?

Plusieurs voix s'éleveront, peut-être, pour oser dire qu'il est impossible de douter que Pétrarque n'aimât sa patrie..... S'il l'aimait, c'était d'un amour bien étrange ! Est-ce l'aimer, que de chercher à la bouleverser ? que de voir couler le sang de ses concitoyens avec autant d'indifférence que l'eau bourbeuse d'un torrent ? Est-ce l'aimer, que de sacrifier à l'expérience d'une idée nouvelle, les institutions les plus sacrées, empreintes du sceau du temps ? Est-ce l'aimer, que d'être mu par l'ambition et l'orgueil, et jamais par un pur et judicieux patriotisme ?

« Exterminez grand Dieu ! de la terre où nous sommes,
Quiconque avec plaisir répand le sang des hommes ! »

Un gouvernement universel, ne fût-il qu'une

chimere, il vaudrait bien la peine d'en faire l'essai..... Tel était le discours d'un *illuminé*, telle est l'ambition de toute la secte et de ses diverses ramifications. Si je ne me trompe, elle a changé de masque, de pas et de mot d'ordre. Agissant dans les ténébres, elle n'en est que plus dangereuse ; et je crains bien qu'à la premiere occasion favorable, au même jour, à la même heure, elle ne porte les coups les plus terribles, les plus éclatans et peut-être les plus inattendus. Eh ! Dieu veuille que les malheurs qui affligent l'Europe, ne soient pas son ouvrage !... Dieu veuille, que la société échappe, *à jamais*, à un machiavelisme aussi parfaitement conçu, et aussi réellement infernal !...

> L'univers est un temple où siége l'Eternel ;
> Là, chaque homme à son gré veut bâtir un autel. *

Le but d'un bon gouvernement est l'union et le bonheur, et tout ce qui tend à troubler cette tranquillité, si nécessaire aux hommes, sans laquelle ce serait vainement qu'on chercherait *à organiser une nouvelle société*, est on ne peut pas plus condamnable !

---

* Volt. troisième partie de la Loi naturelle.

Le peuple naît et demeure aveugle sur ses intérêts les plus chers ; les Souverains ne peuvent donc pas sans crime l'abandonner à son ignorance et aux ennemis de la félicité publique. Ce coursier effréné doit être l'objet continuel de leur sollicitude par rapport à lui, par rapport à eux et par rapport à ses voisins.

Il n'est pour les Souverains comme pour les peuples, qu'un sentier qui conduise à la vérité, c'est celui de la vertu, qui aboutit au bonheur ; tous les autres chemins menent au gouffre qui a englouti Thebes, Sparte, Athenes, Carthage, *Rome*.....

On a beau dire qu'il ne faut juger les hommes que sur leurs actions, il faut les juger aussi sur leurs discours, quand ces mêmes discours seront ou équivaudront à des actions. Je dois en conclure que les actions de Rienzi étant inspirées et dirigées par la correspondance de Pétrarque, doivent être regardées comme les siennes propres.

« Votre magnifique souscription, lui répondit-il ; annonce un projet de nouvelles annales, qui auront pour époque le retablissement de la liberté. Cela me console, me plait et me ravit. » *

---

* Mém. de l'abbé de Sade, tom. II. liv. III. pag. 347.

« Si vous agissez comme Brutus, vous parlez comme Cicéron.... On parlera toujours de vous, si je ne me trompe.... Les vents qui se battent, ne font pas plus d'effet sur vous que sur le capitole que vous habitez.... »

Non, personne plus que Pétrarque, ne portait aussi loin le fanatisme républicain, qui s'est peint en divers climats sous les mêmes couleurs et par les mêmes traits. Les aventuriers, les factieux n'ayant rien de vrai, ni dans l'esprit, ni dans le cœur, on distingue, malgré eux, dans tout ce qu'ils disent, comme dans les louanges ridicules qu'ils se donnent, la ruse de la charlatannerie la plus détestable. C'est-à-dire, qu'à travers les trous du manteau dont ils cherchent à s'envelopper, on finit par appercevoir l'homme dans toute sa turpitude.

Dans la même lettre, Pétrarque approuve la maxime de conserver des minutes de toutes les lettres qu'il écrit, afin que tout s'accorde, et qu'on ne trouve point de contradiction entre ce qu'il dit et ce qu'il écrit....

Rien de tout ce qui tient au *zèle* d'un habile imposteur, ne peut lui être indifférent. Un chef de parti ne doit jamais être distrait de lui-même. Son attention doit veiller sur lui comme sur les autres. Pétrarque sans doute en était convaincu,
puisqu'il

puisqu'il le conseillait sur tout, et qu'il ne le perdait jamais de vue. Comment ne pas dire, après cela, qu'il était l'ame de cette conjuration jusques dans les plus petits détails ?

Si ces deux aventuriers, qu'on vit occuper ensemble la scène de l'Europe, sans la remplir de leurs talens, et sans y améner aucun dénouement, eussent été deux grands hommes, ils auraient obtenu, secondés par les circonstances, des résultats glorieux pour leur mémoire et avantageux pour leur nation. Mais ne s'étant distingués, l'un que par des chansons, et l'autre que par l'impuissant désir d'être quelque chose, je les place au même rang dans l'estime et la reconnaissance que la société leur doit.

Quand un pays est assez favorisé de la nature, pour être riche et puissant de deux grands hommes à la fois, il est trop heureux si le gouvernement en sait tirer parti, et trop à plaindre, s'il les abandonne à la haine et à la jalousie de ses voisins, ou à leurs propres passions. Après le regne si brillant de Louis XIV, où les grands hommes semblaient naître à la volonté du Monarque, devait-on s'attendre que la nature, sans avoir pris du repos, produirait un Voltaire et un Rousseau ? L'éternel leur ayant permis de naître, il fallait faire la conquête de leur plume, à quel prix que ce fût. Les races futures diront, que dans un royaume de plus de 34,000 lieues quarrées, qu'on appellait France, existait un édifice à côté duquel sortirent de terre deux chênes superbes, dont les cimes orgueilleuses, dès leur premier élan, menacerent le faite, et que les ministres, à qui la garde en était confiée par plus de 24,000,000 d'hommes et par le meilleur des maîtres, ne les ayant ni transplantés, ni cultivés, ni abattus, leurs racines en ébranlerent les fondemens; de sorte qu'il ne fallut qu'un ouragan pour le renverser avec fracas.

Jean-Jacques, quoiqu'homme de génie, n'en était pas moins homme; par conséquent susceptible de séduction. Le gouvernement eût pu le dompter; à plus forte raison Voltaire, qui jamais n'eût eu assez de force pour rompre des chaînes d'or; tandis que Rousseau, eût été susceptible d'une métamorphose heureuse, en l'enivrant d'estime et d'honneurs. Et je ne sais pourquoi on ne peut jamais se persuader, qu'un seul homme, soit quelquefois plus dangereux et plus redoutable que les armées les plus nombreuses? La France, plus d'une fois, en a fait la trop fatale expérience.

Un grand homme, est ou un flambeau, ou un rempart.

A la cour d'Avignon, où l'on prenait un plus vif intérêt que Pétrarque aux affaires du saint-siége, on était désespéré des succès du tribun usurpateur ; et avec raison on y tonnait journellement contre lui. Mais Pétrarque, *ami, conseiller et espion* de Rienzi, l'y défendait ardamment, et avait grand soin de l'instruire de tout ce qu'on y disait contre lui.

« Tout le monde est ici témoin, lui écrivait-il, avec quelle vivacité je m'emporte contre tous ceux qui osent révoquer en doute la justice de votre tribunat et la sincérité de vos intentions. Je ne regarde ni devant, ni derrière moi ; peu m'importe qui j'offense. (*Voilà le Philosophe le plus sage...*) Je me suis aliéné bien des gens dont je m'étais concilié les bonnes graces par mon attention à les cultiver. Je n'en suis pas étonné, l'expéience m'a appris qu'avec raison, Térence disait, *la complaisance fait des amis et la vérité des ennemis* ».

Un jeune homme, un étourdi s'exprimerait-il plus inconsidérément et avec plus d'indécence ? Pétrarque fut courtisan et philosophe, suivant que les circonstances, ou son intérêt ou sa vanité l'exigerent : car on peut bien lui appliquer ce passage de Montaigne, personne n'en ayant prouvé la vérité comme lui, si j'en excepte quelques philosophes modernes : *Nous sommes tous des Lopins, et d'une contexture si informe et diverse, que chaque pièce, chaque moment fait son jeu ; et se trouve autant de différence de nous à nous-même, que de nous à autrui.*

Les historiens de sa vie s'accordent tous à dire que ses lettres fesaient toujours un grand effet sur l'esprit des Romains. En voici une, à Rienzi, fort singulière : à travers un style figuré, on distingue le courtisan, le politique et l'ambitieux. J'ai hésité si je la tirerais de l'oubli ; mais après quelques réflexions, je me suis décidé à l'insérer dans cet *Essai*. La voici :

« Ne soyez pas étonné si je vous écris si souvent, je ne vous perds jamais de vue ; vous êtes présent à mon esprit nuit et jour ; j'ai sans cesse la plume à la main, c'est là toute ma consolation. Le soir en rentrant chez moi, j'écris tout ce que j'ai pensé dans la journée. Le matin en m'éveillant tout ce que j'ai rêvé pendant la nuit. Trouvez bon que je vous raconte ce que j'ai vu ou cru voir la nuit dernière ; car je ne sais si c'est un rêve ou une vision. Je vous voyais sur le sommet d'une montagne si élevée, qu'il me semblait que vous auriez pu toucher le ciel avec la main. (*On dirait qu'il cherchait à lui inspirer l'idée ambitieuse du patriarcat.*) Le soleil était sur votre tête et les nuages à vos pieds. Vous étiez assis sur un trône éclatant, entouré d'une troupe de guerriers; l'éclat dont vous brilliez pouvait donner de l'envie au soleil. Je n'étais pas loin de vous. (*Il voulait être ministre.*) Une foule innombrable se présente tout d'un coup à mes regards. Ma surprise fut si grande que je faillis à me trouver mal. Je demandai à quelqu'un qui était auprès de moi, ce que tout cela voulait dire, et ce qui pouvait attirer une si grande attention, une si grande multitude. Il me semblait que la terre n'en contiendrait pas une vingtième partie. Il me répondit, vous voyez non-seulement tous les hommes qui existent, mais encore tous ceux qui doivent exister à l'avenir; ils sont ici rassemblés par l'ordre de celui à qui tous les temps sont présens et qui tient dans sa main l'univers entier. Mais, lui dis-je, que fait ici ce grand nombre de spectateurs, qui me paraissent si attentifs? Ils attendent, me répondit-il, en jettant les yeux sur vous, quel sera le sort de cet homme sur qui comme vous voyez le ciel, la terre, les astres ne sont pas d'accord. Entendez-vous ce grand bruit? Je prête l'oreille et j'entendis comme un bruit de tonnerre qui venait de loin. Mars menace, ajoute-t-il, mais Jupiter est tranquille. »

« Je lui fis encore une question : qu'elle croyez-vous que puisse être l'issue de cet événement ? Il n'y a que Dieu qui le sache à présent, me répondit-il ; mais on le saura un jour et on en parlera sans cesse. Autant qu'il est possible de le conjecturer, ce héros jouira d'une gloire immortelle, *pourvu qu'il ne craigne pas les tempêtes....* Eh ! que peut redouter un homme déterminé à sacrifier sa vie pour la vertu ? Il n'y a qu'une chose à craindre pour lui, c'est que les guerriers qui l'escortent ne manquent *à la fidélité qu'ils lui doivent*, et n'entreprennent de le renverser de son trône, pour s'y mettre à sa place. S'il se tient sur ses gardes il n'a rien à craindre. Mais quel est l'homme assez barbare pour entreprendre la ruine d'un chef qui l'aurait fait monter si haut ? (*un Brutus*) Quelle folie de vouloir perdre celui à qui on doit son salut ? Que deviendraient ces gens-là, s'ils avaient le malheur de perdre leur chef, ce que Dieu ne permettra pas ! que deviendrions-nous nous-mêmes ? *ils nous entraineraient tous dans sa ruine.* Je sais que l'envie de nuire aux autres, ne voit pas toujours les périls auxquels elle s'expose. Mais j'espère que ce grand homme évitera tous les piéges de la fortune, parce que Dieu est avec lui. »

« Après m'avoir dit cela, il s'en allait ; où courez-vous, lui dis-je, en le prenant par la main ? il me répondit, la nuit se dissipe, je me retire. Je le priai de m'apprendre du moins par quels moyens ce héros avait pu s'élever si haut ? Il est, me dit-il, du petit nombre de ceux que Jupiter aime et que la vertu a élevé jusqu'aux cieux.... L'aurore parut, et je m'éveillai, ou je revins à moi. * »

Adieu, libérateur de Rome. »

Les circonstances où nous nous trouvons, rendent cette lettre intéressante à force d'être singuliere ; mais en ne la considérant que sous les rapports de Pétrarque à Rienzi, on y voit clairement qu'il eût tout sacrifié à la fortune et à l'ambition du tribun ; qu'il eût livré l'Empereur et le Pape même, pour voir prospérer un moment les idées extravagantes de sa *turbulence* et de son républicanisme. Quoique Rome eût existé plusieurs siecles en République, cela n'empêche pas que, du temps de Pétrarque, ce ne fût une novation cri-

---

* Mémoires de l'Abbé de Sade, Tom. II. Liv. III. Pag. 351. Edition in-quarto.

minelle que de chercher à la rétablir. Il était d'autant plus condamnable, qu'en sa qualité d'ecclésiastique, il n'ignorait pas que les principes de la religion catholique, ne s'accordent guère avec ceux du systéme républicain.

Les gouvernemens ne sauraient trop se méfier d'un novateur, qui ne peut savoir lui-même quelles seront les suites de ses novations. Il est d'autant plus dangereux que ses déhors sont séduisans, que la nouveauté plaît, et qu'il cherche à éblouir pour profiter de l'instant que les circonstances ou la perfidie lui rendront favorable. S'il est adroit ou ingénieux, s'il connaît les hommes et toutes les ramifications des événemens, et surtout si la nature l'a doué des moyens puissans qui en disposent, on aurait beau faire, il faut subir le joug de ses brillantes erreurs. Vieilli dans le mensonge, il en impose même à lui-même. Et de là vient cet air de bonne foi qui lui rend la séduction si facile, qu'*il ne préche nulle part dans le désert...*

Pétrarque était un vrai caméléon. S'adressait-il il à l'Empereur, c'était avec la fierté d'un sujet fidèle, ambitieux, seulement, de la gloire de son maître, qu'il voudrait voir chef d'un empire universel ; et c'était dans ces vues, qu'il s'efforçait de
faire

faire briller, à ses yeux, les vieux appas de la reine du monde. Ecrivoit-il à Rienzi, C'étoit en jacobin déterminé ; au pape, en déclamateur insolent, qui a plus d'audace que de zèle.....

Lorsqu'un ecclésiastique quelconque, oublie ses devoirs pour être un factieux, il l'est plus que tout autre ; tel que la femme qui, séduite par le crime, s'y livre avec plus de *fureur* que l'homme. L'habitude de se contraindre, connaissant davantage le cœur humain, qui devient un fardeau, dès qu'une forte passion le met à la gêne, toute espèce de frein perdant son pouvoir, l'un et l'autre deviennent tout à coup plus coupables que celui qui l'a toujours été *ostensiblement.*

Le respect humain, dans certaines ames, supplée à l'amour du devoir, tant qu'il leur fait *supporter* la réputation d'honnête homme. Combien d'individus, ne pourrions-nous pas nommer, qui jouissaient, avant la révolution, de l'estime et de la confiance de leurs concitoyens et de leur roi ? mais qui aussitôt que l'opinion fut corrompue, laisserent sortir, des abymes de leur cœur, des exalaisons si funestes et si multipliées, qu'elles formerent des orages dont la foudre éclata sur le trône du plus puissant des rois, sur l'autel même du maître du tonnerre, remplit l'Europe entière de terreur et d'effroi, et Dieu sait pendant combien de générations elle restera plongée dans cet état de malediction !

Tels furent les effets du philosophisme, dont le feu embrase sans éclairer, qui exerça ses ravages dans le sanctuaire comme au fond des cloîtres; et qui a l'audace de nous *prêcher* encore ses principes corrupteurs ! espérant, secondé par la *tolérance*, d'achever la trame qu'il ourdit dans la nuit du crime, dont les fils noués aux passions de l'homme, ne tendent pas moins qu'à nous conduire dans le stérile désert de *l'état de nature*, qui ne convient qu'à la brute. Encore un jour *de sommeil*, et l'Europe devra à la barbarie du savoir, de n'être plus qu'une forêt de ciprès.

Plus de civilisation plus de culte, plus de culte plus de bonheur.

Nous lisons dans les *Considérations sur la France*, que tandis que le Sacerdoce était une des trois colonnes qui soutenait le trône, et qu'il jouait dans les comices de la nation, dans les tribunaux, dans le ministere, dans les ambassades un rôle si important, on n'appercevait pas ou l'on appercevait peu son influence dans l'administration civile, et lors même qu'un prêtre était premier ministre, *on n'avait point en France un gouvernement de prêtres....*

Il ne faut aux prêtres que des temples ! car ils sont comme ces plantes précieuses qu'on ne peut conserver dans tout leur éclat, que par l'égale température des serres. . . .

Me sera-t-il permis, à moi, profane et ignorant, d'hazarder ici, mon opinion sur la demeure des Papes et sur leurs intérêts temporels ? Il me paraît que pourvu que le Souverain Pontife conserve ce que Saint-Pierre lui a transmis de la part de Dieu, qu'il importe peu qu'il habite Rome ou Avignon. L'essentiel est qu'il reste le chef suprême de la religion, et par tout où il se trouve il l'est de fait et de droit. Le Vicaire de *Jesus-Christ*, ne peut être dépouillé de ses droits religieux ; mais le Souverain de Rome peut l'être de ses états à l'heure qu'il est, sans que pour cela il s'éleve de chisme : je ne dis point qu'il n'y aurait pas de guerre, parce que tout monarque, sans être même pieux, peut s'intéresser assez à la dignité du Saint-Siége, sans considérer l'intérêt qu'inspire le faible et l'opprimé, pour voir de mauvais œil, qu'on réduisît celui qui l'occupe à une portion congrue, comme un simple curé. Cependant, j'en demande pardon, mais dût-on me priver à jamais *d'indulgences*, je dirai, qu'il y a une si grande opposition entre les saintes fonctions de

Pontife et celles de roi, qu'il est monstrueux de voir la même main répandre le sang et l'eau bénite. Et je crois même que, pour la tranquillité du chef de l'Eglise et pour le bien de la religion, il vaudrait mieux qu'on lui donnât les revenus du pays qu'il habite ou qu'il habiterait, sans y exercer aucun droit de *souveraineté*, ni de *police*; parce qu'il est bien des détails de *tolérance* et de *rigueur*, que l'une et l'autre exigent, qui s'accordent si peu avec le caractère de *Saint-Père*, qu'on ne saurait s'empêcher d'en éprouver une impression contraire à la religion même (19). Que l'autel et le trône se servent de soutiens mutuellement, leurs intérêts communs le demandent.... Mais de voir tantôt le trône sur l'autel et tantôt l'autel sur le trône, cela ne peut pas exister long-temps, d'après la masse de lumières qui éclairent aujourd'hui l'Europe, sans s'exposer encore à de nouvelles secousses. Les esprits sont trop loin des anciens principes, pour qu'ils fussent atteints par les foudres du Vatican. Les hommes sont toujours *hommes*, dans quelque état de choses qu'ils vivent, heureux ou malheureux, faibles ou puissans.... Et très-certainement *la vengeance* ne serait pas impossible, ni sans attraits, peut-être pour la cour de Rome....... Et si cela était

combien de crimes et de maux n'occasionnerait-
elle pas ?...

Je m'arrête, je craindrais de me livrer entièrement à mon imagination, de peur qu'elle ne tra-
hît ma conscience, mon cœur et ma foi, au point
de me rendre novateur et coupable. Mais si j'en
ai déjà trop dit, j'en fais mon *mea culpa*, en citant avec admiration et dans toute la sincérité de
mon ame, les vers suivans *de la religion vengée* :

> « J'entreprends de venger les droits de l'immortel,
> Louis, c'est te servir, ton trône est sur l'autel.
> Le pouvoir légitime émane de Dieu même :
> Si le maître des rois, le Créateur suprême
> Perd l'empire absolu qu'il a sur les esprits,
> Et si l'impunité consacre un tel exemple,
> Les rois n'ont plus de trône où Dieu n'a plus de temple....
> L'autorité succombe, et l'homme impérieux
> Ne reconnait les rois que lorsqu'il craint les Dieux.
> Que la religion qui soutient ta couronne,
> Reçoive de ton bras l'appui qu'elle te donne.
> Elle abhorre le sang que tu crains de verser.
> Mais proscris, mais flétris qui l'ose renverser.
> Plus son empire heureux s'étendra sur la France,
> Plus tu verras fleurir ta gloire et ta puissance.
> Arme-toi pour sa cause et que l'autorité
> De cent chaînes d'airain charge l'impiété ! »

Ce n'était point hélas! la maxime de Louis XVI.
(20) Aussi a-t-il prouvé

Qu'on ne perd les Etats que par timidité.

Bornons-nous à cette réflexion ; ici je ne sais que pleurer.

Heureux, mille fois heureux ! si dans mes larmes les Français lisaient ce qu'on doit à son roi ! Alors, imitant les Athéniens dans leurs remords, l'Italie s'empresserait à leur offrir un *Lysippe*, dans la personne du célèbre Canova, pour élever une statue au Socrate du trône ; et dans celle du successeur de Pie VI, un souverain Pontife, pour seconder cet élan du devoir, en dédiant, au roi martyr, une chapelle dans l'église de Saint-Pierre de Rome, et un temple à Paris.

« Ciel ! quand le crime heureux obtient l'apothéose,
Je cherche en vain la tombe où la vertu repose » *....

Je reviens à Pétrarque, après m'être excusé si dans un discours

« .... Ou trop fier ou trop libre,
J'avais peu ménagé la majesté du Tybre » ** .*

Que deviendraient ces gens-là, dit-il, *s'ils*

---

* Mahomet, Tragédie de Voltaire.

** Le Print. d'un Prosc. par Mr. Michaud, Pag. 92.

*** Catilina, Tragédie de Crébillon.

avaient le malheur de perdre leur chef, que deviendrions-nous nous-mêmes ? Il nous entraînerait tous dans sa ruine.

Ce pauvre Pétrarque ne savait en vérité ce qu'il disait, quand il parlait de la sorte. Quelle liaison assez intime, quelle affection assez cordiale, quelle estime assez profonde, quelle fidélité assez ancienne pouvait-il y avoir entre les Romains et Rienzi, qui n'était qu'un brigand heureux, que les Romains ne tardèrent point à traiter selon l'impudence de ses talens et la perfidie réelle de son atroce ambition ? Eh ! peut-on ne pas remarquer que, malgré cela, ils n'éprouvèrent aucune commotion qui pût les en faire repentir ? au contraire, ce fut *à peu près* l'époque du retour du saint-siége à Rome. S'il eût adressé ce langage aux sujets d'un Souverain légitime, juste, sage, religieux et bon, tel, par exemple, que l'était Louis XVI. c'eût été une prédiction pleine de sens et de vérité. N'en avons-nous pas fait la trop cruelle et trop longue expérience ? Mais si un des apostats de la révolution en eût dit autant aux infortunés que le sort tenait courbés sous le fer parricide de Robespierre, de cet usurpateur féroce, cela aurait eu à peu près autant de vraisemblance que de Pétrarque à Rienzi. Et moi, je dirai à tout sujet, depuis le berger jusqu'au souverain Pontife, qu'on n'a besoin de personne pour juger sainement les affaires et les intérêts de son pays, pas plus que ceux de sa propre conscience. Sans sortir de sa famille, qu'on compare son bien au royaume, ses enfans, sa femme, ses valets aux sujets, aux serviteurs et aux ministres, et soi-même au Souverain ; et par aproximation et par des modifications plus ou moins fortes, on distinguera la vérité. On saura qu'un *véritable père* ne peut rien vouloir contre les intérêts de ses enfans. Lorsque les terroristes menaçaient les Français de la vengeance des émigrés, ce n'était qu'une ruse pour les éloigner du remord et pour les entraîner à des crimes nouveaux...(21) N'en avaient-ils pas assez commis eux-mêmes, pour leur rendre la vengeance impossible? Ils savaient bien qu'il n'y a point de vengeance du père aux enfans, et que les frères envers leurs frères n'en exercent jamais, s'ils sont soumis sans réserve à l'autorité paternelle ! *Des enfans doivent-ils connaître la terreur lorsqu'ils approchent de leur père ?* Un ménage bien ordonné, est *ordinairement* heureux. Il l'est, s'il existe sans secousses, s'il vit sans inquiétudes ; satisfait du présent, il ne craint point l'avenir.

Le

Le pouvoir suprême et la tranquillité publique, quand des crises politiques ont tout bouleversé, n'acquièrent de l'espérance et ne retrouvent de stabilité que par un grand homme, qui s'érigeant en arbitre des événemens, despote de la fortune, immortalise son nom par un génie estimable et un héroisme bienfaisant. Pourquoi cela ? parce qu'il n'existe parmi les souverains aucun *esprit de corps*...

La monarchie attaquée à outrance ? c'était avec un faisceau de sceptres qu'il fallait assommer l'hydre *patriotique, philosophique et protée*, qui aspiraient à donner des lois et des *idôles* au monde, on a vu au contraire, des Souverains se coaliser, non avec cette loyauté et cet honneur qui, selon l'expression d'un de nos rois, *devraient se retrouver dans le coeur des souverains, s'ils s'exilaient de celui des autres hommes*,

« Mais avec cet esprit de vertige et d'erreur,
De la chûte des rois funeste avant-coureur ».

Aussi, *qu'avons-nous vu, que voyons-nous* ?.. que la justice céleste tonne sur leurs États, pour avoir laissé ébranler leurs trônes, au lieu de les raffermir en relevant celui du roi très-chrétien ! et cet excès de démence et d'aveuglement sera pour nous l'occasion de dire que tout gouvernement monarchique est vicieux, s'il n'est constitué de manière à pouvoir se passer de monarque ; parce qu'il n'est point de race humaine qui ait le privilège de produire une succession non interrompue de grands hommes et de grands rois. Il faut donc que les choses soient assez parfaitement calculées et établies, pour que le seul titre de roi suffise, autant que possible, pour régir l'Etat. Eh ! que n'aurait-on pas à redouter dans un empire où tout réclamerait le sceau du temps, le titre de roi ayant perdu dans le choc des factions une partie de son antique lustre et de sa magie ? Ne serait-il pas *nécessaire* de les reconquérir par des exploits, ou du moins d'arriver au trône avec l'éclat de la naissance et la légitimité des droits ?... Que serait-ce donc si l'on n'y apportait ni l'un ni l'autre? L'ambition de regner, ne suffit pas pour regner ; et le peuple n'est pas toujours fatigué. Il vient un moment où les ambitieux se réveillent avec toutes les passions, l'aveuglement cesse, il n'en est point d'éternel. Et alors, que devient la couronne et la tête qui l'a portée ? L'une roule sur l'échaffaud, et l'autre tombe dans les rangs des soldats ou des citoyens, comme une pomme de discorde, devenant la proie du plus audacieux. Mais il n'en est pas plutôt le maître, que les soupçons, les remords agitent son ame au bord de l'abyme, où il est à la veille d'être précipité lui-même. L'enfer est déjà dans son cœur. Situation affreuse ! tourmens inexprimables ! si parfaitement dépeints par Marmontel, et si cruellement sentis par *Denis le Tyran*, que je crois l'entendre s'écrier lui-même dans les ténèbres de la nuit, au milieu de tous les fantomes de son imagination épouvantée :

« Aveugle ambition, cruelle politique,
Invincibles attraits d'un pouvoir tyrannique,
Dans quel gouffre de maux vous m'avez entraîné !
Déchiré de remords, d'horreurs environné,
Chargé du poids affreux de la haine commune,
Le vice m'est suspect, la vertu m'importune.
Loin de moi fuit l'honneur, la foi, la vérité,
Et dans le crime seul je vois ma sûreté.
Je ne puis m'attacher que des cœurs mercénaires,
De mes cruels desseins instrumens nécessaires :
C'est dans leurs mains ô ciel ! que mon sort est remis !
Quelle honte ô tyrans ! ce sont là vos amis. »

J'ai encore une fois quitté Pétrarque, si c'est le quitter que de commenter ses pensées. Mais revenant plus particuliérement à lui, ce ne sera point sans faire connaître encore une de ses lettres à Rienzi, dans laquelle il acheve de dévoiler sa perfidie. Nous avons appris par ses écrits, qu'il recherchait souvent les bonnes graces des princes, des évêques et des cardinaux, qui les lui accordaient. Voyons s'il est conséquent et quelle est sa gratitude.

« O vous qui êtes si éloquent! la premiere fois que vous haranguerez le peuple romain, apprenez-lui de ma part, la façon de penser de ces hommes si importans. Leur fausse grandeur n'est établie que sur nos divisions et les calamités publiques. *Ils voudraient voir Rome et l'Italie en cendres.* Ce désir est trop vif pour qu'ils puissent le cacher. Le vénin est dans le fond de leur cœur, mais leur babil le découvre. Tout leur esprit est employé à donner une couleur honnête et spécieuse à une façon de penser aussi barbare. Heureusement leurs discours ne peuvent nous nuire. Nous sommes dans la main du Seigneur, qui fera de vous, non pas ce qu'ils désirent, mais *ce qu'il lui plaira.* (Dans tous les cas Dieu ne fait jamais autre chose.) Je ne doute point que cette découverte n'excite l'indignaton du peuple romain et de tous les Italiens qui aiment leur patrie. J'espere que rougissant de se voir insultés par les derniers des hommes, ils sortiront de leur ancienne vigueur, qui triompha du monde. Il ne faut qu'une petite étincelle pour produire un grand incendie... »

Telle était la réception flatteuse et favorable qu'il préparait au saint-siége.

Si le crime cessait d'être perfide, il n'y aurait bientôt plus de crimes ; car on peut regarder la perfidie comme étant la vie de ce monstre.

Cette lettre, n'a rien de controuvé ; que de jacobinisme ne récéle-t-elle pas ? quelle horrible conduite ! est-ce là celle d'un homme honnête et plein d'honneur, d'un ecclésiastique attaché à ses devoirs, d'un philosophe raisonnable ? Eh ! pour qui se prostituait-il aussi bassement ? pour qui devenait-il un monstre d'ingratitude ? pour un Démagogue sans moyens, qui après s'être fait élire tribun, s'être investi de toute l'autorité, foula insolemment le peuple, mécontenta les grands, s'aliéna tous les esprits et exerça les cruautés les plus horribles. Enfin sa fortune et son orgueil l'aveuglerent tellement, qu'on eût dit que l'univers *dut fléchir, dut trembler sous sa domination*. Un fol espoir lui persuadait tout ce que le délire des passions présente d'extraordinaire, de plus hardi et de plus téméraire ; il ne doutait de rien, ambitionnait tout, et ne savait rien puisqu'il ignorait l'art divin de conduire les hommes. Sans talens ; sans vertus, ce ne fut qu'un tyran, puni par ceux-là même qu'il avait révolté.

L'on voit des hommes, dit la Bruyere, tomber d'une haute fortune par les mêmes défauts qui les y avaient fait monter.

Il y eut un Pape assez aveugle, assez faible pour le renvoyer comme Sénateur à Rome, d'où ses excès et ses fureurs l'avaient chassé : il y fut tué. Je ne dirai pas assassiné; on n'assassine point un brigand. Il est des circonstances si fâcheuses, si impérieuses, où tout homme de cœur, sans cesser d'être honnête, peut être juge et bourreau. Si *Innocent* VI. avait prévu le coup qui lui était réservé, ce n'était point si innocent, ni si mal adroit. Et je dirai avec Alexandre VI. *qu'il y a peu de distance entre une potence et une statue.* Mais je ne saurais dire du *Pape Innocent* et de Rienzi, ce que Sénèque dit d'Alexandre *le grand* et de Calisthene :

« Que sa mort est un crime qui diffamera toujours Alexandre, et que toutes les vertus ni toute la fortune de ce prince ne pourront jamais effacer ; car toutes les fois qu'on dira : Alexandre a taillé en pièces plusieurs milliers de Persans, on lui reprochera en même temps qu'il a tué aussi CALISTHENE. Toutes les fois qu'on dira, *qu'il a défait Darius, le plus grand Prince de la terre,* on étouffera cette gloire par la mort de *Calisthene*. Toutes les fois qu'on dira qu'il a porté ses victoires jusques sur les bords de l'Océan, qu'il a fait même des efforts pour y faire de nouvelles flottes, et que de l'extrêmité de la Thrace il a poussé jusqu'à l'Orient les bornes de sa domination et de son empire, on répondra en même temps, mais il a tué *Calisthene*..... Je veux qu'il ait surpassé les exemples anciens des rois et des capitaines les plus célébres, il n'y aura rien de si grand parmi toutes les choses qu'il a faites, que la mort de *Calisthene* ne soit encore un plus grand crime ».* Au lieu qu'il n'y a jamais de crime à faire mourir un tyran, Vampire insatiable de l'Etat, et Rienzi l'était de Rome. Son nom fut connu de toute l'Europe ; ses vexations et ses crimes furent ignorés quelque temps, et quelque temps il passa pour un grand homme aux yeux de certaines gens. Il vit même plusieurs *Souverains* s'abaisser jusqu'à ravaler leur sceptre et leur couronne pour rechercher, pour implorer même les bonnes graces du fils insolent d'un meûnier et d'une blanchisseuse. Oui, quelque honteuses que fussent de telles dé-

---

* Des Quest. natur. L. vi. Chap. xxiii. Trad. de Malherbe et Durier.

marches, la révolution dans ce genre nous a appris à tout croire.... La vérité, qui toujours finit par triompher de l'erreur, détrompa les esprits qu'il avait séduits, et ce prétendu grand homme ne fut pas même alors, un héros éphémaire.

Voici sous quelles dénominations et sous quels titres il se présentait aux Puissances de l'Europe : *Nicolas, sévère et clément, libérateur de Rome, zélateur de l'italie, amateur du monde, tribun auguste* (22).

Comment s'empêcher de rire, quand on sait que vulgairement on l'appellait *Colas*, tout court ? Et c'est pourtant de ce *Colas*, que l'Empereur, Louis de Baviere, Louis roi de Hongrie, et la reine Jeanne ambitionnerent l'alliance et l'amitié !!!

L'exagération, l'impudence, l'audace et la perfidie sont les traits caractéristiques des usurpateurs et des charlatans.

Ce Rienzi, fesait envers le peuple de Rome, ce que les ambitieux imposteurs ont fait dans tous les temps ; il cherchait à persuader qu'il était l'homme envoyé *du Dieu de Pétrarque*, qui l'inspirait pour le bonheur de ses concitoyens. Sur l'avis qu'il reçut que les colonnes rassemblaient à Palestrine leur petite armée, il harangua les Romains, et leur dit que *Saint-Martin*, fils d'un tribun,

lui

lui avait apparu dans la nuit, en lui disant qu'il aurait la gloire de punir les lâches ennemis de Dieu.... Cette vision ayant produit l'effet qu'il en attendait, ne fut pas la seule de ce genre dont il se servit ; car dans une autre occasion, il remua encore la poussière du tombeau, pour en faire sortir le Pape Boniface, qui, la thiare en tête et une triple croix à la main, dissipa les ténèbres de la nuit et de l'avenir, pour lui prouver que *les Colonnes, qui les avaient outragé, lui et l'Eglise, seraient tellement battus, que sur leur champ de bataille ils laisseraient la vie.*

Ces ruses religieuses, moyens fallacieux, étaient d'accord avec les conseils que Pétrarque lui donnait. Toujours les hommes affreux, s'abreuvant des larmes de leurs victimes, nés pour ensanglanter la terre, se font, dans l'excès de leur insatiable ambition, un masque, un appui de la religion, pour séduire et conquérir : mais,

« Quand on peut lancer le tonnerre,
Qu'il est beau de le retenir ! »

Après avoir considéré Pétrarque sous les rapports des passions, des muses et de l'ambition, il semble qu'on ne devrait avoir plus rien à dire de *sa philosophie*, qui, jusqu'à présent, n'est que mensongère; mais voulant commenter encore quelques traits de sa vie, il est à souhaiter pour l'Athénée de Vaucluse, que nous puissions donner un mot d'éloge à celui qu'il a jugé digne d'un monument. Au préalable, nous arrêterons nos regards sur cette philosophie du jour, à laquelle Pétrarque donna les premières leçons d'audace et d'immoralité, en lui apprenant qu'il n'est point de vertu qui ne succombe sous les traits empoisonnés de la perfidie et de la volupté.

On ne laisserait subsister d'autre liberté que celle de la presse, que le *philosophisme* serait encore assez puissant, pour établir *sa domination* sur les débris des temples de la justice et de la foi ; car ils sont si chancellans, qu'un seul trait de plume, un seul coup de presse peuvent les renverser pour jamais ; sur-tout si leurs ministres fatigués de la persécution, comme d'autres judas, les livraient au sacrilège caprice de l'impie !....

Quel père peut être exempt d'allarmes, s'il connait le danger des mauvais livres ? A peine ses enfans sont hommes, qu'il peut tout perdre en un instant.

Il est des génies si malfaisans, qui, semblables à ces trombes orageuses, renversent et entraînent tout ce qu'ils rencontrent....

Vieillards vertueux ! j'entends vos sanglots, et je mêle mes pleurs aux vôtres. ... Vos enfans, je le sais, perdent plus que la vie, en perdant le précieux héritage, le plus riche trésor que vous pussiez leur transmettre !... Consolez-vous par la prière, et le ciel vous exaucera peut-être, en faisant rentrer dans les enfers, cette philosophie criminelle qui veut bannir de la terre, où elle n'immole que des victimes à force de faire des coupables, la religion et l'honneur.

Les Souverains doivent être convaincus, ou ils ne le seront jamais, que la philosophie engendre et entretient les plus terribles fléaux, et que tant qu'elle existerait, les hommes seraient précipités de révolution en révolution.

Le philosophisme seul, a mesuré la distance du trône à l'échaffaud....

Oh ! que les Souverains seraient coupables, s'ils négligeaient de faire usage des moyens que le roi des rois leur a confié pour punir le crime et faire régner la vertu !

Non, les Souverains ne nous forceront point à croire que de vouloir le bien, ce soit pour eux plus difficile que de le faire ! Si chacun le fesait toujours, dans le rang où le destin l'a fait naître, avec un cœur pur et généreux, les rois seraient des Dieux et les hommes des saints sur la terre; et la couronne n'étant plus un fardeau, l'obéissance serait douce et naturelle. La bienfaisance alors, devenue la devise du sceptre, la fidélité sera celle du cœur des sujets. . . . . Les Souverains livrés à eux-mêmes, à leurs plus chers intérêts, pourraient-ils ne pas atteindre ce haut degré de perfection ? mais le philosophisme, mais les ministres séduits par ses magiques paroles, flattent leurs passions, et par échelons, parviennent à exercer les plus funestes ravages dans le cœur de celui qui gouverne, sans qu'il s'en doute lui-même.

La tolérance que la philosophie proclame chaque jour avec succès, est, de toutes ses erreurs, celle qui sera la plus mortifere pour le corps social.

On peut juger, aux progrès de la corruption, à quel degré en est la cataracte ou la faiblesse des Souverains. La corruption va toujours croissant; et n'est elle point à son comble, lorsqu'on ose se vanter des choses dont nos ayeux auraient rougi

d'en être même faiblement soupçonnés ?......
Et plus nous arrêtons nos regards sur la vie entière de Pétrarque, plus nous reconnaisons les obligations que lui a la philosophie moderne, et moins nous distinguons l'homme sage. Nous n'appercevons au contraire, qu'un caractère impétueux, qu'un cœur ennivré de lui-même, ardent pour tout ce que ses passions concevaient; qu'une tête exaltée, n'ayant que l'apparence du génie et rien de réel que *son jacobinisme* et son talent futile pour les vers d'amour. Mais cela n'ayant rien d'estimable pour *la société*, on a blessé les mœurs, l'esprit public et les bienséances, je dirai même les circonstances, en lui élevant un monument; parce qu'on a agi en sens inverse du patriotisme des honnêtes gens, qui n'a rien de républicain.

Si l'Athénée de Vaucluse ne m'eût pas détrompé par un arrêté relatif à la colonne de Pétrarque, j'eusse pensé, non, je ne crains pas de le dire et de le *tonner*, s'il le faut, à son Préfet-Président, qu'elle avait été élevée en *quatre vingt-treize*, sous la domination de l'exécrable Robespierre, de ce digne Chef des *Septembriseurs* (23), de ce Monstre, *Tigre-et-Homme*; sur la pierre tombale duquel il faudrait graver pour Epitaphe :

PASSANT, BÉNIS TON SORT,
SI JE VIVAIS TU SERAIS MORT...

Les Souverains ne devraient jamais permettre qu'on érigeât de pareils monumens. De profane et d'impur qu'est celui-ci, on peut le rendre religieux et national.

Dans un Empire, rien de public, rien, s'il était possible, ne devrait distraire du chef suprême et du Dieu tout puissant. Un sujet a-t-il, par son courage, sa vertu ou son génie, illustré son nom et le lieu de sa naissance ? que la patrie reconnaissante l'honore, mais sans lui élever des monumens sur nos places publiques. A sa mort, ne serait-il pas suffisant de l'ensévelir avec pompe aux pieds d'un mont, d'une coline ou d'une montagne, à laquelle il donnerait son nom ? Toute la contrée respirerait, pour ainsi dire, ses vertus, sa fidélité et son patriotisme. Ses exploits même seraient sans cesse retracés par le cœur, annoncés par toutes les bouches et présens à tous les yeux. L'enfant qui, pour la première fois, serait frappé des grandes lettres incrustées dans le roc, demanderait, ses regards fixés sur l'épitaphe d'un héros, immortel comme ses vertus, demanderait, dis-je, soit en traversant la Bretagne, le Bourbonnais, le Dauphiné ou les Cévenes.... ce qu'était un du Guesclin, un Villar, un Bayard, un d'Assas.... Et croit-on qu'il oubliât jamais ce qu'on lui raconterait dans ce thaumaturge moment? Tout, jusqu'aux feuilles tremblantes des arbres, orgueilleux d'ombrager leurs cendres sacrées, objet éternel de vénération et de gloire, vivrait dans sa mémoire; et se sentant éclairé par le flambeau de l'honneur, il brûlerait de vieillir pour marcher sur leurs traces.

Je ne m'arrêterai pas davantage à cette idée ; il n'est point d'esprit qui ne la développe à l'instant même que je ne fais que l'indiquer.

Si l'Athénée revient jamais de son erreur, et que sans vouloir s'élever à la hauteur d'une idée religieuse, il désire réparer sa faute d'une manière digne de lui, sans avoir égard à mes observations, je ne serais point surpris de le voir dédier la même colonne à la Sorgue.

Quand on trouve, dit Sénèque, un antre creusé par la nature dans le flanc d'un rocher, sans que l'homme y ait mis la main, l'ame se sent pénétrée d'un sentiment de religion. Et quel autre plus capable de faire cette impression, que celui de la fontaine de Vaucluse ? L'éruption d'un fleuve mérite des autels.

Ce n'est pas moi qui parle, c'est un Payen ; et Pétrarque, qui n'était pas trop éloigné de l'être, quoiqu'il dédaigne les nymphes pour la Sainte Vierge, il est vrai que c'est des fabuleuses dont il parle, dit *qu'il faudrait ériger un autel à la source de Vaucluse, qui dès ses premiers pas est un fleuve à porter bateau. Et prend Dieu à témoin de son dessein de le faire, dès que ses facultés le lui permettront.* Mais il veut que ce soit dans son petit jardin, et non à l'endroit où les yeux sont blessés par l'aspect de la colonne.

« Ce n'est pas, dit-il, aux dieux des fleuves ni aux nymphes des fontaines, comme le veut Sénéque, que j'éleverai cet autel, mais à la Vierge, mère de Dieu, qui a détruit les temples et les autels des autres dieux * ».

A présent, je ne crains plus de proposer de placer, sur cette colonne, la statue de la patrone de la France : cette idée est presque de Pétrarque, et ce doit être pour l'Athénée une raison détermi-

---

* Saint-Denis d'Athene, appellé l'Aréopagiste, disait, en parlant de la Sainte-Vierge, que s'il ne croyait pas en un seul dieu, qu'il la prendrait pour une divinité, tant elle était belle ! Ce serait donc faire beaucoup d'honneur à Laure, que de modêler sur sa taille, son air et ses traits la statue de la Sainte-Vierge, mère d'un Dieu. . . .

nante, s'il est vrai que son enthousiasme et son admiration pour lui soient au niveau des honneurs qu'il a décernés à sa mémoire. D'ailleurs, ce serait un hommage qu'il rendrait *à la vértu* de la belle Laure ; car quelle idée qu'on en puisse avoir, on ne blâmera jamais les marques d'estime que ses compatriotes lui donneront. Il serait cependant convenable, si l'on y voyait son image, d'y mettre pour toute inscription :

A LA FIDÈLITÉ CONJUGALE.

Mais, à propos de monumens, n'en verrons-nous jamais élever qu'à des mains teintes d'encre ou de sang ? Et les vertus les plus essentielles, qui assurent par leur douceur l'existence de la société, qui en multiplient les charmes et en font le bonheur, resteront-elles toujours sans être honorées ? Et l'égoisme, l'injustice et l'esprit de domination de notre sexe, se feront-ils toujours maudire de celui de Laure ? Quoique les Dames de sa patrie soient exemplaires dans la pratique de leurs devoirs, quoiqu'elles n'ayent besoin ni d'encouragemens ni de louanges, qui ne pourraient qu'être pénibles à leur modestie, elles applaudiraient néanmoins à une idée qui m'a été inspirée en quelque sorte, par leurs propres exemples, toujours bien précieux ! mais sur-tout, après une démoralisation aussi grande que l'a été celle de la révolution, où de la nudité la plus entière, de la corruption la plus criminelle on n'a peut-être fait *que se vétir*, on doit redoubler d'efforts pour régénérer les mœurs, *si c'est encore possible*.... car je crains bien qu'on n'y soit plus à temps....

L'Athénée de Vaucluse, par je ne sais combien de raisons, eût dû se montrer jaloux de placer sa gloire à être le premier en Europe, qui eût élevé un monument *à la fidélité conjugale*, auquel les cœurs sensibles et généreux eussent tous applaudi. D'autres moins éclairés des rayons de la grace, mais plus embrasés du feu d'amour, eussent également éprouvé des sentimens d'une religieuse mélancolie, si je puis m'exprimer de la sorte, qui contrastant avec cette douce langueur qui décèle un cœur épris, ennivré de tendresse et de désirs, auraient éprouvé, en même temps et au même lieu, tout ce que le ciel et la terre ont de sensations délicieuses et sublimes.

Si les Avignonais, qui accueillirent Pétrarque et sa famille, triomphaient de la mort et rentraient dans le sein de leurs demeures, on entendrait bientôt retentir toute la ville de leur indignation. Quatre siècles de tombeau n'auraient pas suffi pour leur faire oublier, les calomnies atroces dont Pétrarque les avaient constamment accablés. L'Athénée, juge entr'eux et lui, n'a pas rougi de les confirmer par un monument, la honte de l'art et du patriotisme.

Voici un Sonnet où l'on retrouve encore des traces de sa haine implacable pour Avignon, et quelques expressions de sa politique perfide, que les philosophes de nos jours, ont si bien comprise :

>O Babilonne ! ville impie,
>Séjour de crainte et mère des erreurs,
>Je quitte ton séjour pour prolonger ma vie ;
>Seul dans ces lieux, à l'abri de l'envie,
>Tranquille loin de tes horreurs,
>Selon que l'amour m'y convie,
>Je fais des vers ou je cueille des fleurs.
>Je vois dans l'avenir, d'autres temps, d'autres mœurs,
>CETTE ESPÉRANCE ME CONSOLE...
>Des mortels insensés, je foule aux pieds l'idole ;
>Du monde je fais peu de cas,
>Et de moi-même ; en un mot ici bas,
>Tout me parait méprisable et frivole.
>Au dedans, au dehors, je sens peu de chaleur.
>Deux objets en ces lieux manquent à mon bonheur.
>Je n'aurais rien à prétendre,
>Si j'avais le plaisir de les voir tous les deux,
>L'un avec des pieds moins gouteux,
>Et l'autre avec un cœur plus tendre*.

---

* Sonnet xc. Trad. de l'abbé de Sade.

« Je vois dans l'avenir, d'autres temps, d'autres mœurs ;
Cette espérance me console. . . .

Voltaire et Rousseau en ont dit autant, et malheureusement ils ont été les prophètes des désastres produits par les erreurs dont ils avaient été les apôtres. Depuis long-temps la philosophie, sous le masque de la sagesse (24), échaffaudait dans l'avenir une tribune pour l'orateur du peuple, un trône pour l'anarchie, des autels pour l'impiété, et pour la vertu ? des guillotines !...
Elle faisait circuler dans la société, par des canaux détournés, couverts de fleurs, le vénin mortel dont ses ouvrages sont imprégnés, qui engendrèrent sur les marches du trône de SAINT-LOUIS, le monstre septembriseur qui noya dans le sang les plus belles institutions sociales, et qui de génération en génération, porteront la discorde et les allarmes dans le sein des familles ; où ils peuvent faire germer encore des poisons aussi funestes que ceux qui nous ont couverts de deuil.

Mais laissons là la politique, qui ne se plaît depuis longtemps que parmi les cadavres et les ruines, et qui semble ne pouvoir exister, si elle ne s'abreuve, journellement, et de sang, et de pleurs. . . . . .

Si l'on en croit plusieurs auteurs Italiens, entr'autres, *Squarzafichi*, et sur-tout quelques ouvrages protestans (25), où l'anecdote dont je vais parler est consignée, le Pape Benoit XII. épris des charmes de Selvagia, sœur de Pétrarque, employa tous les moyens de séduction que le ciel et la terre parurent lui fournir, pour le déterminer à lui assurer la conquête de sa sœur. Pétrarque indigné, rougit de son sacrilège amour, et rejetta cette proposition comme indigne de lui. Il détestait Benoit XII. Sa haine jusqu'alors fut de l'ingratitude, mais après une proposition aussi infâme, elle fut juste. Son frère Gerard, dont je n'ai fait qu'annoncer la naissance, parce que son histoire est en trois mots : *naitre, se faire Chartreux et mourir*; la voilà toute entière. Les chagrins que lui occasionnèrent la passion criminelle de Benoit XII. pour Selvagia, lui ouvrirent les portes du cloitre. Sa sœur devint la proie du Saint-Père ; on la maria *sans doute ?* tandis que le malheureux Gerard, dans l'austère silence d'une chartreuse et sous le poids *de la haire du remord*, pleura long-temps sa honte et son crime.

L'abbé de Sade ne croit pas à cette anecdote; à cause que Pétrarque la dément. Il est inutile de faire sentir combien cette conséquence est fausse et combien elle est dépourvue d'influence sur l'opinion qu'on peut en avoir. Ce qu'il y a de certain, c'est que Pétrarque partit pour l'Italie et qu'il ne fut point fait Cardinal.

Son refus ni sa fuite, ne le mirent point à l'abri de tout reproche. Il fallait, en vrai philosophe et en homme d'honneur, et comme l'ainé de sa famille, servir de père à sa sœur, en rendant sa défaite impossible. Mais il hésita entre être cardinal ou bon frère, et Gerard saisit cet instant d'indécision pour satisfaire ce Pontife ; qui après l'avoir enivré des plus brillantes promesses, refusa d'être fidèle à sa parole. *Gerard*, perdit l'espérance de ses vaines sollicitations et ne conserva que le souvenir amer de sa faute.

Ce très-Saint Père, surnommé Fourni[*] succéda à Jean XXII. en 1334. Il fut élu à *l'unanimité des voix* et dit à cette occasion aux cardinaux, *qu'ils avaient choisi un Ane*. Ici je n'interpellerai pas Selvagia, rien de si *misterieux* que les morts.... Je me bornerai à dire que c'est un grand trait de modestie, fut-il plus âne encore que celui de Balaham.

Mais peut-être qu'on me faira un crime d'avoir

---

[*] Il étoit fils d'un boulanger.

rappellé son intrigue scandaleuse avec Selvagia, tout comme si j'avais le malheur d'être du nombre de ceux qui rejettent

> . . . . Sur l'autel l'opprobre du ministre.
> Dépend-il en effet des vices d'un mortel
> De dégrader ses droits, le nom de l'Eternel ?
> Sont-ils moins saints pour nous quand Jules les profane ? *

La haine de Pétrarque pour Benoit XII. fut portée à son comble ; ce qui serait une preuve assez vraisemblable de la vérité de cette anecdote, si Pétrarque n'était point aussi connu par son inconséquence que par son immoralité. En philosophe chrétien, d'après même le seul instinct de la politique et de la raison, il aurait mieux fait de se taire et de se contenter de gémir en secret. Il saisit, au contraire, l'instant où ce *souverain Pontife* était à l'agonie, instant où la haine finit et la pitié commence, pour publier un ouvrage, qui, sous l'allégorie d'un pilote et dans l'excès de sa vengeance, représentait Benoit XII. avec les couleurs les plus noires. De sorte que pendant que l'implacable mort agitait sa tranchante faulx, pour couper le fil de ses jours, Pétrarque, aussi

---

* Gaston et Bayard. Trag. act. I. scen. III.

insensible qu'elle, le criblait des traits aigus et envénimés du sarcasme, de la médisence et de la calomnie peut-être.....

L'histoire, à chaque page, est si souillée d'inconséquences, de faiblesses, d'erreurs et de forfaits; qu'il vaudrait mieux ignorer ce qu'ont fait nos ayeux que de le savoir. Car les siècles ne sont les uns aux autres que la répétition des heures qui ont sonné. Ainsi donc la vertu et le crime sont souvent plutôt le résultat des circonstances que de notre éducation. Aussi la plupart du temps c'est le seul *hasard*, *destin* ou *providence*, qui décide de la fortune et de la gloire d'un héros, comme il marque aussi sur un gibet la place expiatoire d'un brigand.

La célébrité a souvent été funeste à l'humanité: les vertus des hommes sont trop faibles, leurs vices trop grands, leurs actions trop remplies d'égoisme et leurs crimes d'atrocité, pour qu'il ne soit pas au moins douteux, si l'histoire rend un service à la société que de lui en conserver le souvenir. Il ne viendra jamais dans l'esprit d'un homme *vertueux*, d'ouvrir les annales des nations pour y choisir un modèle; sans s'en douter, il en sera un lui-même : toute espèce de soins lui sont inutiles pour servir d'exemple..... Mais il il en est autrement pour le scélérat ambitieux, il les feuillette jour et nuit; les forfaits heureux, s'il en croit la *marche* utile à ses coupables desseins, se gravent dans sa mémoire, germent dans son cœur, et au premier moment ils en reproduisent mille autres.... Loin de servir de leçon aux races futures, ils ne font que des imitateurs...... Brutus même, ce dénaturé républicain! et tous ces féroces esclaves de l'ambition, dont l'histoire du monde fourmille, particuliérement celle de Rome, nous les avons vus admirés comme des héros, adorés comme des dieux, en *buvant le sang* de ses frères et en délirant sur les intérêts les plus chers de la patrie.

On ne conçoit pas qu'après une conduite aussi répréhensible que celle de Pétrarque, Clement VI. pût lui offrir la place de secrétaire apostolique.... Ce poëte orgueilleux lui répondit, *qu'il ne voulait point des chaines dorées*. Il nous suffira d'observer que c'eût été la réponse de Jean-Jacques Rousseau.....

Il est des ambitieux qui, dans leur aveugle fierté, souffrent et font parade d'un vain stoicisme; d'autres qui témoignent du mépris pour les honneurs et les richesses, quand celles qu'on leur offre sont au dessous de leurs insatiables désirs.

Il faut croire qu'on avait induit en erreur les principes et la bonne foi de Clément VI. pour qu'il voulût confier une place de cette importance à un homme dont la main n'était mue que par un cœur adultère, avide de luxure. On dira peut-être que c'était pour récompenser son zèle et son dévouement à ce souverain Pontife? Ingrat par caractère, il fut aussi méchant, aussi perfide envers Clément VI. qu'à l'égard de Benoit XII. Cependant Clément VI. est au rang des Pontifes les plus distingués par sa sagesse comme par la profondeur de sa politique. Mais quelque talent qu'il eût, et quelques éminentes que fussent ses vertus, Pétrarque n'y fut point sensible, ne considérant jamais que lui seul : il n'y vit point des motifs assez grands pour le contraindre à en agir avec cette loyauté * qui peint l'honnête homme.

* J'ai lu dans le dictionnaire français de Mr. Gattel, composé sur ceux de l'académie, de Trevoux, etc. que ce mot, si sacré pour nos ayeux, « était vieux, et ne se disait plus que dans le style badin .» Les expressions morales ne peuvent vieillir. Mais l'est-il davantage que ceux de vertu et d'honneur ? C'est sa noble caducité qui précisément le rend respectable, et qui doit empêcher qu'il puisse rien perdre de sa dignité. Mais pourquoi la vérité, la raison, l'éloquence l'auraient-elles proscrit de leur sublime élocution ! Ah! c'est sans

Pétrarque, inconséquent comme le sont les hommes enivrés d'eux-mêmes, rempait journellement aux pieds des grands, quoique se croyant plus qu'eux. Et s'il poussa la liberté et l'audace jusqu'à leur parler insolemment, c'est qu'il les connaissait assez faibles pour le laisser abuser de l'empire qu'il exerçait sur eux. Quand il était *sur ses échasses*, il voyait tout au dessous de lui, et alors que ne se permettait-il pas ?

« Ces hommes si fiers, disait-il, ces courtisans si superbes, ces cardinaux, qui traitent les princes même avec tant de hauteur, m'ont présenté le visage le plus ouvert, m'ont dit les choses les plus obligeantes ».

Que d'orgueil, que d'ingratitude dans si peu de paroles ! Comment expliquer que *ce fol amour de la célébrité* fasse oublier si aisément le devoir et les bienfaits ; qu'il domine aussi monstrueusement qu'il le fait ; qu'il rompe avec autant de facilité des liens si sacrés, après en avoir même exalté les charmes et les devoirs ? La raison en est sim-

---

doute depuis la défaveur, l'abandon trop coupable qu'ont éprouvé la FIDÉLITÉ et la PROBITÉ. Oui, comment ne pas rire, ou plutôt gémir de cette sentence néologique que tous les Académiciens du monde ne sauraient justifier à nos yeux.

ple : cet amour n'est qu'aveuglement ; et ceux qu'il égare se croyent des génies immortels, quoiqu'il n'y ait rien d'aussi mortel qu'eux-mêmes. Leur esprit n'est qu'un vocabulaire de gigantesques expresions, et leur cœur qu'une éponge d'égoisme.... Ce qui fait que, pour si peu que l'amour propre soit froissé, on oublie tout et on ne respire que la vengeance : dès lors la bouche et la plume répandent par torrens le fiel de la satire et le vénin de la calomnie. C'est le poste le plus périlleux.

Mais parce que Clément VI, l'avait comblé de bienfaits, était-ce, diront ses partisans, une raison pour immoler la vérité à la reconnaissance ? comme s'il était possible qu'il y eût jamais de position assez impérieuse pour en dispenser une ame honnête ! pour elle c'est un besoin pressant, c'est le premier de ses devoirs, c'est la jouissance la plus céleste qui soit sur la terre. Eh ! quelle pouvait être la raison qui le forçait d'écrire contre lui, quand tout au contraire lui faisait une loi d'être juste et fidèle ? Le droit de triompher d'une vertu n'appartient qu'à une autre vertu ; elles sont toutes pour ainsi dire, entrelacées les unes aux autres, c'est la chaîne qui unit l'homme à Dieu : cela étant, il est impossible d'en délaisser entièrement une sans rompre le cercle d'immortalité qu'elles forment, et sans opérer en nous par conséquent, une commotion funeste, un changement pernicieux.

On ne peut que louer Clément VI. il n'aimait que la paix. A ses yeux, l'union était le premier des biens, la source la plus intarissable du bonheur. Il étouffait tous les germes de guerre qu'il appercevait; il établit plusieurs trèves entre la France et l'Angleterre ; il reconcilia le roi de Hongrie avec la reine de Naples, qui se trouva heureuse en 1348, de lui céder Avignon pour quatre vingt mille florins d'or. Accusée d'un parricide, il la vit à ses pieds ; força Casimir, roi de Pologne, à renvoyer ses maitresses, qui étaient autant de Vampires pour son cœur comme pour l'Etat. Il déposa Louis de Baviere, et fit couronner à Rome Charles de Luxembourg, qui par un traité anéantit l'autorité de l'Empereur en Italie, pour y établir celle du Pape. Mais ce qui eût mis le sceau à sa gloire, c'eût été la réussite de son entreprise, la réunion de l'église grecque à l'église latine.

J'ai le pressentiment que l'unité des cultes sera le grand œuvre de la fin du dix-neuvième siècle. Dieu veuille que le Thaumaturge qui l'opérera ne se noye pas, avec l'Europe, dans des mers de sang!

Clément VI. ajoutant tant de titres de gloire à ceux des bienfaits, comment Pétrarque put-il n'avoir pour lui ni reconnaissance, ni attachement ? Répondre à cette question, ce serait me répéter. J'ajouterai seulement que Clément VI. était Limousin, et qu'il n'aimait pas l'Italie.

Ce fut sous son Pontificat qu'on acheva de bâtir le palais des Papes à Avignon, et qu'on commença à élever des *remparts* depuis la roche *Desdons*, jusqu'à la porte du Rhône. Tout cela était aux yeux de Pétrarque, des torts, des crimes même qui éclipsaient ses plus grandes qualités, ainsi que son caractère sacré de Souverain Pontife, sans parler et de ses moyens, et de ses bonnes intentions.... Aussi je ne doute pas que ce ne fût Pétrarque qui fut l'auteur de la lettre trouvée dans le palais du Pape, au milieu des évêques et des cardinaux, devant sa Sainteté. Elle avait pour inscription : *Leviathant, prince des ténèbres, au Pape Clément, son vicaire, et aux cardinaux ses conseillers et bons amis.* A la fin on lisait : *Donné au centre de l'enfer, en présence d'une troupe de démons.*

Après la mort de Clément VI. il écrivit une lettre à l'évêque de Cavaillon, de laquelle je ne citerai qu'une phrase, qu'on croirait avoir été dictée par une *des précieuses ridicules* de l'incomparable Moliere : « Vous recevrez une épitre que j'ai péchée moi-même avec les filets de mon esprit, dans les flots où mon ame nage au milieu des écueils ». Dieu, quel style !

« Je redoute, écrit-il à Mathieu le Long, archidiacre à Liege, mes domestiques comme une troupe de voleurs, et j'ai beau me cacher je ne puis me dérober aux visites ». Je n'oserais dire que c'était *la bête curieuse de son siècle*, mais j'observerai à ce qu'il dit là, que les hommes ne sont que des enfans ridicules ou méchans, qu'un rien rallie comme un rien les disperse.

Dans une autre lettre, en parlant de ses ennemis et de ses senseurs à François Bruni, il dit : « Laissez les dire, gardez-vous bien de prendre mon parti contre mes ennemis, avec trop de chaleur, cela ne servirait qu'à les irriter davantage ; ils deviendraient vos ennemis sans cesser d'être les miens ; c'est une fatalité attachée à ma personne, une peste qui me poursuit depuis long-temps ».

S'il connaissait le cœur humain, il ne savait guere maitriser le sien ; il ne regnait pas plus sur ses idées que sur ses passions, il n'était souverain ni de sa tête, ni de son cœur. Malgré son violent amour pour *la liberté*, il n'y eut jamais personne de plus esclave que lui. L'esclave, dit la Bruyere, n'a qu'un maître ; l'ambitieux en a autant qu'il y a de gens utiles à sa fortune. Il fallait donc que ses désordres fussent bien grands, pour qu'on s'acharnât à le persécuter.

Les talens de ces génies trascendans et immortels, qui appartiennent à tous les siècles, comme étant la propriété précieuse de l'admiration de chacun en particulier, peuvent leur faire des jaloux et des ennemis (le cœur humain a tant de monstruosités !) mais dans le même instant les nations les vengent de leurs Zoïles, dans la justice éclatante qu'elles leur rendent.

S'il faut en croire Pétrarque, il n'en fut pas ainsi envers lui-même. *Le peuple*, dit-il, *m'apprend par coeur et me déchire.* Détesté des gens de lettres et du peuple, cela prouve qu'il leur donnait prise et par sa conduite, et par ses écrits ; ce qui fut cause sans doute qu'il échoua dans ses ambitieux projets. Ce ne pouvait pas être l'éclat de la naissance ni du rang qui lui fesaient des envieux, c'était plutôt, parmi les beaux esprits, l'extravagance de son ridicule couronnement, l'aemertume de son caractère et la causticicité de sa muse. Il sacrifiait tout *à la manie de briller.*
Que

Que de gens la possédent ! et qui l'exercent même, sur les amis les plus vrais, sur les parens les plus tendres, quoique le cœur en souffre, et en réclame comme d'un monstrueux abus?

Benoît XII. voulut marier Pétrarque avec Laure; si le poëte s'y refusa, c'est qu'il craignit que le flambeau de l'hymen ne brûlât les cordes de sa lyre. Il trouva *plus aimable*, plus digne de la *hauteur* de sa philosophie, de porter la perfidie jusqu'à procréer, dans les bras d'une nouvelle conquête, des innocentes victimes du désordre de sa vie, qui, vraisemblablement, ne connurent que les rigueurs de la nature sans en goûter les douceurs. Il est donc prouvé que, tandis qu'il se livrait ardamment à des jouissances sans réserve, il remplissait de tendresse et de feu ses célébres déclarations d'amour à Madame de Sade; objet aimable et superbe d'une fidélité mensongere.

Sans doute que lorsque Benoît XII. lui fit cette proposition, c'était l'époque où *sa sainteté* aspirait à s'absenter du trône de Saint-Pierre, pour aller regner sur le canapé de Selvagia. Mais qu'il était loin de connaître le fameux Pétrarque, puisqu'il croyait que son attachement pour Laure fût une passion !

... Amour, puissant mobile de l'homme, qui l'élevez au dessus de lui-même lorsqu'il vous traite en dieu, Pétrarque ne vous offrit d'autel que dans sa tête et jamais dans son cœur ; jamais il ne vous servit qu'au gré de ses caprices et de son ambition, qui reglerent l'ordre, la chaleur et la stabilité du culte imposteur que son esprit vous rendait.

Pétrarque se fait encore plus connaître dans sa correspondance avec son ami qu'avec sa maitresse. C'est là qu'est tout Pétrarque, c'est là qu'il faut le juger ; c'est là, que son cœur est entiérement dévoilé et qu'on peut apprendre à connaître les factieux ; c'est là enfin, qu'on trouve un ardent républicain, qui de nos jours eût accéléré le cours et accru les ravages du torrent infecte et dévastateur du jacobinisme.

Croit-on, si ses lettres à Rienzi eussent été connues des Puissances, qu'elles l'auraient honoré de leurs bontés, au point de lui prodiguer l'indulgence et la faveur ?

Le plus grand monarque du dernier siècle, eut aussi la folie de s'entourer de gens de lettres, et de philosophes ; mais il finit du moins par les connaitre : et sous plusieurs rapports on peut appliquer à Pétrarque ce qu'il dit d'eux dans *le premier Dialogue des Morts* : « A l'effronterie des Cyniques, ils joignent l'impudence de débiter tous les paradoxes qui leur tombent dans la tête.... » et les peint comme un tas de polissons, de présomptueux et de foux dangereux, que les rois devraient mettre aux petites maisons, pour qu'ils y fussent les législateurs des foux, leurs semblables ; ou bien, de leur donner à gouverner une province qui méritât d'être punie.

Qui croirait, après avoir lu des expressions si peu choisies et si peu ménagées, que ce prince vécut familiairement avec eux, et qu'il fût lui-même philosophe et auteur, mauvais poëte et grand général ? Il semble, en vérité, qu'on ne peut être philosophe sans être inconséquent, et sans n'être en quelque sorte, forcé de se condamner soi-même dans sa propre cause *.

Une autre raison qui explique l'extrême faveur dont Pétrarque jouissait chez les rois, c'est que les rois eux-mêmes voulaient passer pour beaux esprits, qu'ils ne connaissaient pas ce que c'est qu'un *auteur*..... et par conséquent n'évitaient point le danger d'en trop rechercher la société.

---

* L'amour des hommes est un devoir dans les princes ; l'amour des lettres est un goût qu'il leur est permis de ne pas avoir. Note de d'Alembert, tirée de l'éloge de Montesquieu.

La plupart des écrivains, *même les plus célèbres*, sont convaincus que *le laurier du Pinde* est au dessus du sceptre des rois. Et Charles ix. n'eut-il pas l'extravagance de l'écrire à Ronsard, le plus mauvais des poëtes !

Ce fut au roi Robert, plus qu'au sénat de Rome, que Pétrarque fut redevable de la folle jouissance dont son ame s'enivra sous le déguisement bizarre dont il fut accablé. Pour honorer le monarque napolitain, il fit, à l'occasion du baisé qu'il donna à Laure, le sonnet qui commence par ces mots: *Real natura.....* Il disait, qu'il avait l'esprit d'un ange, les yeux de lynx et une pénétration étonnante, *tandis que les autres rois ne pouvaient juger que du vol des oiseaux et de la bonté d'un ragoût.....*

Il en est des rois comme des simples particuliers, qui se laissent séduire par le clinquant et le vernis de l'illusion ; et qui peu éclairés sur leurs plus grands intérêts, les compromettent bien souvent par caprice, faiblesse ou passion. Quatre vers de la Fontaine tiendront lieu de maintes pages de réflexions ;

« Amusez les rois par des songes,
Flattez les, payez-les d'agréables mensonges,
Quelque indignation dont le cœur soit rempli,
Ils goberont l'appât, vous serez leur ami ».

Boccace, le plus illustre des contemporains de Pétrarque, avait peut-être un esprit supérieur au sien ; quant au Dante, je n'y mets aucun doute. Mais ne fussent-ils que ses égaux dans la langue italienne, il resterait prouvé, quoiqu'ils n'ayent pas toujours travaillé dans le même genre, qu'ils ont les mêmes droits à la reconnaissance de leurs concitoyens. Et en supposant que des *Oeuvres* pleines d'esprit, de gaieté, de style et de feu, mais dépourvues de morale et de principes méritent d'être lues, comme par exemple celles de Boccace ou de Pétrarque, on conviendra du moins que ceux qui en sont les auteurs, doivent être regardés comme indignes des honneurs les plus solennels d'une nation ; et que les Italiens sont inexcusables d'avoir mis le licencieux *Décameron* de Boccace au rang des ouvrages classiques. On a de la peine à le croire, quand on songe que l'Italie est le centre de la chrétienté, la résidence du souverain Pontife, où la morale devrait être enseignée dans toute sa pureté, soit d'après les principes de la religion, soit par des exemples de vertu.

Que de voix, *faussées* par le philosophisme, ne me semble-t-il pas entendre ici, s'écrier à la fois :

« Les ministres des cieux sont-ils incorruptibles ?
D'erreurs ni d'intérêts ne sont-ils susceptibles ?
Hélas ! pour approcher des cieux et des autels,
En ressemblons-nous moins au reste des mortels ! » *

Oui, par état et par devoir, la foi que vous prêchez, dont vous nous devez de miraculeux exemples, exige de vous tant de perfections et tant de sacrifices à faire, tant de victoires à remporter, que ce n'est que par elles que vous parvenez au degré de sainteté qui ne vous fait ressembler aux autres mortels que par votre corps ; tabernacle sacré de la vertu qui vous anime, et dont vous devez être les apôtres et les martyrs. Placés entre l'enfer et le ciel, la vigilance, le zèle et la ferveur qui vous caractérisent, sont, pour ainsi dire, autant de sentinelles destinées à veiller, jour et nuit, au salut des ames.

Mais ne nous occupons que de Pétrarque, dont l'orgueil et l'insolence ne se montra jamais plus à découvert qu'à l'égard de l'Empereur Charles IV. qui lui témoignant le désir qu'il lui dédiât son livre des hommes illustres, lui répondit : *Il ne faut pour cela que de la vertu de votre part et du loisir de la mienne, c'est à vous de les imiter.*

---

* Iphigénie en Tauride. Trag. act. v. sc. v.

Cet Empereur, comme presque tous les princes de son siècle, passionné pour la poésie, était aveuglé sur le compte des poëtes et des gens de lettres, mais principalement sur celui de Pétrarque. Il leur passait tous les écarts de leur esprit, sans songer qu'un jour viendrait où les philosophes, mortels ennemis de l'autel et du trône, feraient de l'autorité des rois et de leur personne sacrée l'objet continuel de leurs satyres et de leurs déclamations.

Me demandera-t-on ce qu'a de commun la poésie et la philosophie ? Je vais le dire : rien ne donne l'amour des lettres, comme la poésie, et rien n'engendre des philosophes comme ce même amour.

L'avilissement dans lequel est tombée aujourd'hui la littérature, devrait garantir les yeux de la fumée aveuglante qui s'exale du foyer impur où les livres qui la déshonorent sont fabriqués impunément (26). De quelque côté qu'on la considère, on n'apperçoit qu'un étincellement qui tient plus de la nuit et de l'éclair, que du jour et de son flambeau. La grande facilité que chacun a de se faire imprimer, affranchit de toute réserve, rend la composition plus libre, moins châtiée et plonge *les bons livres* dans le cahos des productions nouvelles. L'indulgence du public et l'indifférence du gouvernement sont si grandes à cet égard, que les auteurs ne peuvent qu'en avoir pour eux-mêmes, à l'instant où l'enthousiasme de la composition finit, et où l'ennui de retoucher commence. L'amour propre alors, ne voyant aucun obstacle, écoute les séductions de la paresse, et dans son éblouissement illusoire, il pense qu'il est des accommodements avec la gloire à laquelle il aspire, mais qui pour lui n'est qu'imaginaire ; et calcule ses succès, compare son triomphe à ceux de ses rivaux, de ses antagonistes ou de son ami, dont les productions ne se trouvent que dans le ridicule des petites maitresses, dans les coulisses des histrions, dans les poches de quelque écolier, sur le comptoir des marchands et à l'attelier de la faiseuse de modes, qui accourt le Dimanche au soir, après s'être pollué l'esprit tout le reste du jour, chez *Thalie* ou *Melpomene*, faire l'essai de ses observations nouvelles........ Mais la providence, qui retient souvent la lisière de l'innocence comme les rennes du coupable, permet qu'elle rentre dans son impudique réduit, mécontente *du livre*, d'elle, des hommes et de la fortune.

Cette *fourmilière d'auteurs*, s'écriéront ici,
dans

dans leur petite indignation, que mes raisonnemens sont faux, exagérés, pernicieux ; qu'ils visent à faire étouffer les germes du talent et du génie. Répondons que je ne mesure la grandeur du talent qu'à son utilité, et que je ne reconnais pour *tels*, que ceux dont l'état s'honore. Non pas parce qu'ils font briller l'esprit de celui qu'ils illustrent, mais parce qu'ils sont dans les proportions, si je puis m'exprimer ainsi, du vrai patriotisme ; et je donne comme une regle sûre et générale, que quiconque n'est ambitieux que de la gloire d'un littérateur, qui n'écrit que pour écrire, celui-là, dis-je, ne sera pas toujours exempt de reproches envers la société ni envers lui-même. Le jour de son triomphe sera la veille de celui où il se verra honnir.

Le seul talent digne de Rome est de conquérir le monde et d'y faire régner la vertu * ...

Oui, tout Souverain qui s'oublie au point d'accueillir un factieux novateur, ou de permettre la publication de ses écrits, ne doit pas s'étonner si son encre atteint le sceptre, l'entache, le ronge et le rompt.

---

* J. J. Rousseau, Discours sur les sciences et les arts.

Il ne doit être permis, et on ne saurait trop le redire, de n'offrir ses propres lumières à un Titus, que par des manuscrits respectueux, qu'avec une soumission vraiment religieuse, et une entière abnégation de soi-même : sans quoi le trône et les peuples ne seraient jamais à l'abri des secousses révolutionnaires ; parcequ'il est des vérités qui ne doivent être connues que du *chef de la famille*. Mais n'allons pas nous engager dans une dissertation qui nous éloignerait trop de mon sujet.

Pétrarque ne voyant rien de plus beau que l'Italie et de plus séduisant que les Italiennes, quoique Laure fût Française, et qu'il l'eût chantée vingt ans, dit, en parlant des Dames Romaines, *qu'elles sont pleines de pudeur, qu'elles ont la modestie des femmes, et le courage et la constance des hommes ; qu'il n'est rien d'aimable comme elles.*

Voyons s'il traitera aussi favorablement les Romains, à qui il doit de la reconnaissance. Auparavant, disons que ce qu'il admirait dans les Dames Romaines, lui déplaisait dans Laure ; car que n'a-t-il point écrit, que n'a-t-il pas fait pour qu'elle ne fût plus digne d'un semblable éloge ? A présent je le demande, est-il possible, à moins de ne renverser toutes les lois, toutes les idées reçues de morale et d'usage, de reconnaître dans sa conduite un sage, un honnête homme, un véritable amant ?

« Les Romains, dit-il, sont de bonnes gens, assez affables, si on les traite avec amitié et douceur (l'éloge est singulier); il n'y a qu'un seul article sur lequel ils n'entendent pas raison, je parle de *cette espece d'honneur*, que les maris attachent, *je ne sais pourquoi*, à la vertu de leur épouse. Loin d'être aussi traitables sur cet article que les Avignonais, *qui souffrent patiamment qu'on leur enleve leur femme*, (c'est un hommage qu'il rend en passant à la vertu de Laure et de son époux) ils ont toujours à la bouche ce que disait Icilius : * Frappez sur nos dos et sur nos têtes, pourvu que l'honneur de nos femmes soit à couvert ».

Que répondront ici les partisans *du philosophe le plus sage*, les charitables défenseurs de la vertu de Laure ? Ne croiront-ils pas avec moi, que, sans cette maxime, il eût parlé plus explicitement de son intrigue avec Madame de Sade, et que s'il l'eût fait, d'après ce qu'il dit des Romains, il n'y a aucun doute qu'il ne les eût indignés, et que

---

* Tite Live. L. III.

dès lors il eût été impossible au roi Robert de le faire couronner à Rome ? C'est du moins vraisemblable.....

Je me dispenserai de faire observer combien ces paroles, *je ne sais pourquoi les maris attachent une espece d'honneur à la vertu de leur épouse*, sont immorales, répréhensibles et révoltantes ; mais je citerai l'exemple sublime de Sophronie, de cette *Lucrece chrétienne*, épouse d'un gouverneur de Rome, qui sans doute pensait comme Pétrarque, puisqu'il eut l'infamie de la prostituer à l'Empereur Maxence, qui envoya ses gardes chez elle pour la conduire avec pompe,.... ; mais ils ne trouverent qu'un cadavre glorieux de nager dans son sang. Sophronie, sous prétexte de se parer, s'était enfermée dans son appartement ; loin de songer à de vains et honteux ornemens, elle s'enfonce une épée dans le sein, et meurt martyre de la fidélité conjugale. Immortelle Sophronie, du haut des cieux enorgueillis de ta gloire, reçois mon hommage ! *

Cet honneur, ne fût-il qu'un préjugé, il faut le respecter comme une vertu, ou garder du moins

---

* Eusebe, Hist. eccl. L. vIII. Chap. xiv. et L. 1. de la vie de Constantin. Bayle. Dict. crit. l'an 310. de J. Ch.

le silence le plus profond. J'ajouterai même que s'il n'existait pas il faudrait l'inventer. Oui, rien n'en prouve la nécessité, comme la dépravation si funeste dont les liens du mariage sont souillés, malgré le premier principe d'honneur et de morale pour les femmes, de politique pour l'état et d'éducation pour tous les hommes.

Ce n'était point par de tels discours que Pétrarque pouvait se flatter d'acquérir l'estime publique. Cette façon de penser dut, au contraire, lui faire des ennemis ; et je ne suis plus étonné qu'il ne voulût pas être dans ses vieux ans, où il avait été dans sa jeunesse.

En partant pour l'Italie, il écrivit à un de ses amis, qu'il allait chercher quelque coin de terre où il pût vivre à sa fantaisie ; afin de ne plus abuser sans doute de sa santé et de ses talens. *Le changement d'air*, dit-il, *fait du bien aux malades ; la greffe adoucit la sève de l'arbre, les légumes se perfectionnent et je pense, contre l'avis du plus grand nombre, qu'il ne faut pas être vieux où l'on a été jeune.*

Politiquement parlant, ce principe peut être vrai ; Mais Pétrarque, fidèle à son caractère, rapporte tout à lui seul. La réalité est pour l'égoïsme et l'apparence pour le devoir et le sentiment. Voilà donc quel était le langage, la conduite, les principes *du Philosophe le plus sage* ; dont la secte s'est si bien faite connaître, qu'il n'est point de qualifications, de mouvemens oratoires qui ne fussent superflus pour la démasquer comme pour la peindre. Eh ! qui ne sait pas aujourd'hui ce que c'est qu'un philosophe, puisque personne n'en fait cas, à moins de n'avoir le malheur de l'être soi-même ?

Lorsque je vois un homme rempli de la foi de ses pères, entouré de ses enfans, à qui il inspire la crainte de Dieu et l'amour du travail, mon cœur le suit jusques dans ses moindres occupations. L'imagination me le représente dans tous les momens pénibles ou heureux de sa vie..... Au lever de l'aurore, saluant le dieu du jour en regagnant le champ nourricier, modeste héritage que lui laissèrent ses ayeux. Il ne connait de fêtes que celles du ciel ; et le Dimanche consacre en sa faveur l'adoration et le repos. Un jour d'orage est un chagrin pour lui, un beau jour un plaisir. Au lieu que pour la plupart des gens du monde, le plaisir n'est qu'une soirée d'été suivie d'un orage. Je rentre, avec lui, dans sa rustique demeure ; ici, mes larmes coulent malgré moi d'attendrissement, d'admiration. Eh ! quel cœur ne serait point ému, en voyant l'accueil simple, tendre et naif de son épouse fidèle, qui, en l'aidant à se décharger du lourd fardeau qui doit chauffer ou nourrir sa famille, le gronde avec douceur de s'être trop retardé ? Qui ne serait point attendri, en entendant les cris variés et bruyans de la gaieté villageoise de ses jeunes enfans, qui se pressent autour des jambes de leur père, qui applaudit et entretient, par ses caresses, le concert enchanteur d'allégresse et d'amour dont son ame est ravie ? Oui, qui ne serait pas satisfait, en voyant ces mêmes enfans trainer comme en triomphe, à la place habituée, l'outil journalier de ses pénibles labeurs, vrai sceptre patriarcal ! sous le regne duquel des torrens de sueur fécondent le coin de terre qui les nourrit et qui contribuent à faire fleurir l'état. Enfin, je crois assister à l'heure dernière de ce bon père; expirant de vieillesse, de maladie ou du chagrin d'avoir perdu, par le sort barbare de la guerre, le seul fils qui lui restait ; soutien de sa maison, espoir de ses sœurs, et père à son tour, pour ainsi dire, de son père. Il meurt, ce respectable Français, mais comment meurt-il ? Sous les yeux d'un pasteur rempli de charité, qui envie le sort qui est réservé à son ouaille chérie ; il meurt dans les bras d'une épouse inconsolable, regretté de tous ses voisins, entouré de ses enfans, ayant leur tête éperdue, appuyée sur le lit de mort de l'auteur de leurs jours, qu'ils inondent de larmes et qui déjà retentit de sanglots funèbres ! Si la douleur ou les souffrances lui laissent assez de force pour articuler quelques paroles, il rouvre ses yeux éteints à la lumière, fixe ses derniers regards sur les objets vivans de ses regrets, de son amour et du plus cruel des sacrifices ! il cherche à consoler ses enfans, leur donne encore des conseils, leur recommande leur mère, et leur retrace les principes de vertu qu'il leur a donnés.... Mais à l'instant où il rend son dernier soupir, où il donne à sa famille éplorée sa dernière bénédiction, je crois voir les anges déployer leurs ailes d'azur pour conduire son ame fidèle dans le sein d'Abraham. Heureuse illusion ! j'arrive avec elle aux pieds du trône de l'éternel, rayonnant de sa gloire et enorgueilli de sa nouvelle victoire. Qu'à ce penser, on est fier, on est heureux d'être homme !

Mais quand je considère un savant philosophe, dont les longues veilles loin de l'enorgueillir d'un vain et pernicieux savoir, auraient dû le convaincre au contraire que l'homme ne triomphe jamais de l'ignorance, je reconnais qu'à force de pressu-
rer

rer un cœur passionné, il se repait de monstrueuses chimères, de folles illusions ; qu'il ne croit point à des mystères qui humilient son entendement, ni à un ciel éternel, et à plus forte raison, à un enfer vengeur ; et cela, parce que ses regards n'atteignent pas les cieux ; qu'ils ne lisent point l'avenir, et qu'en vain ils s'efforceraient de percer le crane même d'où ils s'élancent..... A ce spectacle étrange de délire, de présomption et d'aveuglement, la pitié semble vouloir tempérer mon mépris. Mais c'est cette même pitié, qui, à l'aspect d'un fou, me fait sentir toute la pesenteur du cœur que je porte, enorguelli de pouvoir contenir à lui seul, le Dieu qui remplit l'univers de lui-même..... Si je me livre à mes réflexions, je me représente ce philosophe enfantant une idée nouvelle, accueillie avec tous les transports du plus funeste amour-propre, se souriant à lui-même, se croyant déjà le restaurateur immortel de la société ; lors même que l'ouvrage qui l'enivre de jouissances, ne peut acquérir d'autre stabilité que celle d'un vaisseau, qui malgré les ancres les plus fortes, les agrêts les plus nombreux est tourmenté par les tempêtes ; ou que d'un édifice qui n'a pour fondemens que la mobilité du sable des mers, et qu'on ne peut défendre et conserver que par l'incendie, le vol, le rapt, le sacrilège et le *parricide*..... Oui, je me représente ce philosophe insensé, cet infame législateur, dans son horrible stoïcisme, entouré de ruines et de cadavres, ne versant pas même une larme, quand autour de lui tout est submergé par des flots de sang humain!!! Voilà donc ce que c'est qu'un philosophe sans sagesse, un chrétien sans foi, un savant sans science, qui entouré des in-folios de l'erreur agonise de *vétusté*; car comme la matière, il est sans sentiment, sans bonheur, sans vertu et sans espérance..... ne laissant après lui que de trop coupables volumes, dont le même instant qui leur donna l'être aurait dû en faire justice. Plongé dans l'athéisme, aveuglement de l'esprit, paralisie de l'ame; ou croupissant dans le matérialisme, vraie corruption, désorganisation totale de l'esprit et du cœur, ainsi que du corps, l'imagination frappée de cette honteuse et humiliante dégradation de l'homme, formé à l'image du Dieu des chrétiens, je crois le voir expirer dans les convulsions affreuses de la rage et dans le plus noir désespoir du crime..... Il faut convenir qu'il est bien *consolant*, bien *glorieux* pour le philosophe qui meurt et pour les parens, les amis qui lui survivent, de se dire, que l'objet de leurs plus tendres affections, car il n'est point de monstre qui n'ait ses semblables, n'offrait plus d'autre idée de vie que celle qui fait ramper le vermisseau du néant! et qu'il est rentré tout entier, pour jamais, dans la boue, d'où, peu-être, il était sorti! Que cette idée est déchirante, qu'elle est faite pour humilier l'homme qui, dans ce moment, serait plus tenté de maudire *l'auteur de la nature*, que de bénir celui de son existence. Mais laissons dans leur ténébreux délire les philosophes qui ressemblent à celui, dont je viens de ne faire qu'esquisser le tableau de ses jours. Fuyons à jamais loin d'eux, et nous reconnaitrons toujours que la vertu est la raison de l'ame, comme la sagesse est *le bon sens* de l'esprit.

Revenons à présent au principe de Pétrarque de changer de résidence, de faire de nouvelles connaissances et de nouveaux amis lorsqu'on est vieux. Cette maxime n'est ni d'un homme sensible, ni d'un chrétien. Il est au contraire du devoir, quand la raison ou *plutôt le temps* a soumis nos sens et enchainé nos passions, de rester où elles nous avaient rendu un sujet d'affliction pour les uns et de scandale *pour* les autres..... Mais l'homme est-il jamais raisonnable?

Il est pourtant certain qu'il en peut résulter un

grand bien, car il en est des actions qui décèlent nos faiblesses et nous couvrent de torts, comme des paroles qui peignent nos sentimens et notre opinion. Que de personnes qui ayant avancé quelque chose le soutiennent, lors même qu'elles sont convaincues que c'est une erreur, et qui cependant profitent de la leçon, pour ne plus s'exposer à la même humiliation ? Il en est de même des mauvaises habitudes qu'on a contractées, du scandale qu'on a causé..... On ne veut pas qu'il soit dit que par considération pour telle personne, que par respect humain pour telle autre, que par condescendance aux représentations de quelques officieux importuns, on a changé de conduite et de mœurs, réformé son ton, ses manières et son caractère. Mais en se transplantant ailleurs, l'on réfléchit sur le passé, on forme les plus heureux plans pour l'avenir ; de sorte que divers miracles s'opèrent à la fois. D'Ours qu'on était l'on devient Mouton, et loin d'offrir encore l'image du volage papillon, le chien n'est pas plus fidèle que nous. Fidélité, vertu trop délaissée ! qu'on doit regarder comme étant la vie de toutes les autres ! Oui, l'on a tort de dire que l'homme ne se corrige jamais ; il ne se corrige jamais, quand on heurte de front son amour propre ; mais au contraire, prenez ce même *amour* pour guide, et le cœur n'aura point de refuge où il ne vous conduise avec succès. Si j'avais besoin d'une comparaison pour me faire entendre, je dirais que la fleur d'orange non-seulement est agréable au goût, mais qu'elle facilite même l'épurant petit lait à agir efficacement dans le sang aduste d'un malade.

Pétrarque, n'apporta point sans doute en Italie son amour futile et efféminé pour la parure, dont en France il était si esclave ; il écrivait à son frère : « Souvenez-vous que nous portions des robes blanches, où la moindre tâche, un pli mal placé, aurait été pour nous un grand sujet de chagrin ; que nos souliers étaient si étroits que nous souffrions le martyre, au point qu'à la fin il m'aurait été impossible de marcher, si je n'avais senti qu'il vallait mieux blesser les yeux des autres que mes nerfs. Quand nous allions dans les rues, quel soin, quelle attention pour éviter les coups de vent qui auraient dérangé notre chevelure, et les éclaboussures qui auraient terni l'éclat de nos robes ».

Nous retrouvons dans cette lettre les erreurs et la folie de l'extrême jeunesse ; de ces êtres amolis par la débauche, si parfaitement désignés par le mot de *Muscadins!*.... Mais comment y reconnaître un poëte, un philosophe? Je n'y vois que l'amant et le fat de tous les temps. Il paraît qu'il était éloigné de penser, ainsi que quelques gens de lettres, qui ne se croiraient pas philosophes, sans avoir une barbe sale, un habit déchiré, un pantalon de toile grise.

« Entre ma façon d'être vêtu, dit l'immortel Montaigne,* et celle d'un paysan de mon pays, je trouve bien plus de distance, qu'il n'y a de sa façon à un homme qui n'est vêtu que de sa peau. Combien d'hommes, et en Turquie surtout, vont nuds par dévotion? Je ne sais qui demandait à un de nos gueux, qu'il voyait en chemise en plein hyver, aussi scarabillat que tel qui se tient emmitonné dans les martes jusqu'aux oreilles, comme il pouvait avoir patience; et vous, Monsieur, répondit-il, vous avez bien la face découverte: or moy je suis tout face ».

Dans les portraits qu'on a de Pétrarque, il est représenté la tête *enveloppée d'un capuchon*, qui lui aurait été très-utile le jour qu'il traversait les rues de Rome, porté en triomphe au capitole. Une dame croyant lui jetter de l'essence de rose,

---

* T. 1, Ch. xxv. Pag. 259. Dernière édition.

l'arrosa avec de l'eau forte qui le rendit chauve ; et c'est peut-être depuis qu'il avait adopté la cœffure monacale, qui n'était ni belle, ni commode, ni saine. Car j'ai remarqué, depuis que nos cheveux *sont devenus Romains*, que plus on se couvre la tête, plus on est sujet aux fluxions. La raison en est simple ; l'air frappant plus d'un côté que de l'autre, l'équilibre des humeurs ne peut pas être le même. C'est si vrai qu'on s'enrhume bien plus vite dans un courant d'air que dans les champs.

La recherche que Pétrarque mettait dans sa toilette, annonçait non-seulement un ardent désir de plaire, qu'on ne saurait trop blâmer dans un ecclésiastique, mais même cet excessif amour-propre qui lui faisait dire : *Qu'il était si beau ! qu'on sortait pour le voir.*

Socrate l'eût-il été plus qu'Alcibiade, qu'il ne l'aurait jamais dit.

Le corps de Pétrarque renfermait plus d'adresse que de force. Il en était à peu près de même de son esprit, qui était propre à toutes sortes d'études, mais plus porté, disait-il, à la philosophie et à la poésie : il ne fit qu'effleurer les mathématiques ; il acquit à Montpellier une légère connaissance des loix. Mais après la mort de son pere et de sa mere il se retira à Vaucluse. Ce fut là principalement, qu'il s'attacha à l'étude des belles lettres et des chefs d'œvres de l'antiquité. Il disait souvent, en parlant d'un manuscrit de Cicéron, *que c'était tout ce qu'il avait eu de précieux de la succession de son père.*

S'il était vrai qu'il détestait son siècle, ce fut plus par inconséquence, bizarrerie, ingratitude, ambition que par un saint enthousiasme pour la justice et l'humanité.

Dans quelque position et à quelque époque de la vie qu'on le considère, on ne voit en lui qu'exagération, humeur, folie, insolence, en un mot que des dehors trompeurs, quand ils sont ceux de quelques vertus, aussi mobiles que le jeu des passions....

C'est un grand point, dit Sénèque, de bien jouer le personnage de celui qui est un dans ses principes at dans sa conduite.

Pétrarque était-il malade, on le voyait plus faible, plus tremblant qu'un enfant, ou plutôt que nos fameux esprits forts. En 1350., époque d'un jubilé, il n'eut rien de plus à cœur, aussitôt qu'il put faire usage de ses jambes, que d'aller visiter les églises et de s'approcher des sacremens, qui le guérirent de sa passion pour les

femmes

femmes. « *Oui*, s'écrie-t-il, *Dieu m'en a délivré tout à fait, quoique je fusse encore verd. Cette peste m'abandonna tellement, que depuis ce temps-là, je hais plus les femmes que ne les ai jamais aimées* * ; *et toutes les fois que je me souviens de cette infamie, je frissonne de honte et de douleur* ».

Mais, peut-être que

« . . . . Conservant sa malice,
N'apporta de vertu que l'aveu de son vice ».

Il faut convenir pourtant que c'est-là l'expression d'une vraie contrition ; d'un chrétien, à la vérité, peu galant et de fort mauvaise humeur : *à quelque chose souvent malheur est bon.* . . .

Ici, nous reconnaissons en lui le vrai philosophe ; mais les faux philosophes, formant une espece d'hommes monstrueux et uniques parmi les autres, se croyent tous de grands hommes, parce que leurs yeux sont des microscopes quand ils se fixent sur eux-mêmes, n'y voyent qu'un es-

---

* Qu'il nous soit permis de remarquer que le plus incompréhensible des animaux, c'est le Philosophe . . . . . Antisthenes disait : J'AIME MIEUX ÊTRE FURIEUX QUE VOLUPTUEUX. Il ne faut pas disputer des goûts.

Kk

prit dégénéré de sa force, de sa justesse et de ses lumières. Ici, il doit se brouiller avec eux, puisqu'il se raccommode avec nous autres bonnes gens, qui avons *la folie* de croire à un autre avenir, qui pensons que Robespierre et Louis XVI. ne sauraient être dans le même lieu ; que les lois divines ne doivent pas être moins respectées que les lois humaines, d'où celles-ci dérivent, et dont l'expression n'a de force que par le tribunal de la justice, comme celles de Dieu ne souffrent d'autre interprétation que celle de son église. Il se raccommode avec nous autres ignorans, mais qui avons du moins la bonhomie de reconnaître, en voyant l'éclat dont brille le soleil au midi de sa carrière, répendant sur la terre un océan de lumière et de vie, que c'est la main *d'un être tout Puissant* qui le conduit dans sa domination et dans sa bienfaisance. De même, lorsque nous voyons le feu flamboyant qui éclaire la voûte de notre demeure, nous disons, c'est un homme qui l'a allumé.

C'est encore avec satisfaction que je retrouve des principes de la même philosophie dans le passage suivant.

« Au milieu de tout ce fracas si redoutable aux muses, écrivait-il au Cardinal d'Aube, évêque de

Rodez, vous me proposez les problêmes les plus difficiles à résoudre. Vous voulez que je mesure le ciel, la terre et les mers ; moi ! qui ignore de quel limon mon corps est formé ? qui ne connais pas la nature de l'être qui est renfermé dans ce corps, comme dans une prison. *Quelle folie de vouloir tout savoir avant de se connaître soi-même*».

Telle devrait être l'inscription que toutes les académies, instituts ou athénées *imaginables* auraient dû placer sur la porte *du sanctuaire* de l'esprit et du génie.

« Irai-je, continue-t-il, creuser les systêmes de Ptolomée, déchifrer les figures que le géomètre sicilien traçait sur une terre infortunée ? La mort qui me talonne ne m'en laisse pas le temps, je ne songe qu'à lui dérober quelques instans..... On dispute si le soleil est au centre du monde ; mais ne vaudrait-il pas mieux chercher ce milieu où la vertu réside ? On entreprend de déterminer par le calcul combien le soleil est plus grand que la terre, et on néglige de savoir combien l'ame est plus noble que le corps. Personne n'ignore ce qu'opèrent sur nous les benins aspects de Jupiter et de Venus. Combien sont malignes au contraire les influences de Mars tout sanglant et du vieux Saturne ? Ne vaudrait-il pas mieux s'attacher à bien connaître l'action de Dieu sur nous et les piéges que vous tend sans cesse l'ennemi de notre salut.... »

C'est encore ici l'homme raisonnable, et non le philosophe raisonneur ; c'est encore le langage judicieux du vrai chrétien, qui rapporte tout à Dieu, qui n'en adore qu'un en trois personnes, auteur, sauveur et conservateur de tout.

Si c'est à Pétrarque chrétien que l'Athenée a élevé un monument, qui tel qu'il est, ne dit rien à l'imagination ni au cœur, pourquoi ne serait-il pas terminé par une croix, puisqu'il est dédié à un ecclésiastique, et que le village de Vaucluse n'en a point ? Ce serait le seul moyen de mettre de l'accord entre cette colonne et le lieu qu'elle profane ; où tout atteste la puissance et la grandeur du très-haut.

N'y a-t-il que des amans qui aillent à Vaucluse ? On dédie des monumens à des hommes couverts du sang de leurs frères, pour avoir détruit une ville, une armée, un empire, et *l'homme-Dieu* qui a versé tout le sien pour le monde qu'il a sauvé, verrait des chrétiens rougir d'honorer le signe de leur rédemption et de sa gloire ? Ah, si cela était l'Athenée de Vaucluse, laissez-le ignorer à l'Europe pour l'honneur du christianisme et du nom français.

Je m'attends que cette idée n'aura pas plus de succès que celle d'un monument à la *fidelité conjugale* ; mais, du moins, pour qu'il signifie quelque chose, qu'il rappelle par quatre inscriptions, ce que fut Pétrarque dans son adolescence, dans sa jeunesse, dans l'âge viril et dans sa vieillesse. C'est-à-dire, comme *amant, poéte, politique et philosophe*. C'est d'autant plus nécessaire que la plus grande partie des voyageurs ne le connaissent que sous les rapports de l'amour ; et qu'on les autoriserait à dire, qu'il est affreux qu'après avoir essuyé une révolution des plus générales et des plus barbares, on ait osé chez un peuple chrétien, élever un monument aux passions, à un étranger qui mérite plutôt la haine des Français, que la moindre marque de leur estime. Eh ! que doit-on à l'ennemi de sa nation ? à un ecclésiastique scandaleux, à un homme qui s'honorait de l'adultere et se fesait une jouissance et un jeu de la perfidie ; à un sujet insolent et factieux ? Oui ! que lui doit-on ? Rien, s'écrie la tolérance. La justice !... je m'arrête ; il n'est plus, et malgré l'Athenée il est entierement mort.

Qu'il disparaisse, ce ridicule monument, du sol français qu'il déshonore ! que les ondes courroucées de la Sorgue, entraînent avec elles dans les abymes des mers, jusques au moindre grain de sable qui servait à en assurer les reprochables fondemens !

Mais en finissant de parler de Pétrarque, nous dirons que ce prétendu grand homme, n'était pas même exempt de ces petitesses, de ces faiblesses qui caractérisent plutôt l'esprit d'une femme que celui même d'un homme ordinaire. Pour en convaincre le lecteur, nous nous contenterons de parler du trait suivant :

Il s'éveille, c'était le 20 juillet. *Il est minuit*, dit-il à lui-même, *j'ai soixante-trois ans.....* Il prend la plume et écrit à Boccace, pour lui témoigner ses craintes sur le danger que lui faisait courir cette année là. Il était persuadé que la soixante-troisième était funeste à la vie de l'homme. Ce sont de ces remarques qu'un instant confirme et qu'un instant détruit.

Pétrarque se fondait sur ce que *Firmicus Maternus*, astrologue, écrivain chrétien du quatrième siècle, dit que les nombres 7 et 9 sont fatals à la vie, et que le nombre soixante-trois, provenant de leur multiplication, celui-là, par conséquent, doit être plus à redouter.

C'était l'année climatérique des Grecs ; quant

à moi, je ne crois à rien de semblable, je ne crois pas même que ce soit digne d'observations. On meurt à tout âge, et c'est folie d'établir des calculs ou d'élever des craintes sur des choses qu'on ne peut regler ni éviter. La vie est un fleuve dont la mort est l'embouchure. Pétrarque mourut à soixante-dix ans, et fut lui-même une preuve de la fausseté de cette remarque. Peu de temps avant sa mort, Boccace lui porta dans des lettres autentiques, le rappel de sa personne dans sa patrie et la restitution de tous ses biens paternels au nom des Florentins (27). Mais il n'était plus temps, la mort commençait déjà à exercer son empire sur les jours et les projets de Pétrarque.; car peu de temps après ce tardif mouvement de conscience, on le trouva mort, dans sa bibliothéque, la tête appuyée sur un livre.

Ce fut à Arcqua (28) que le 18 juillet 1374, finit l'existence d'un amant sans amour, d'un poéte sans génie, d'un politique sans principes et d'un philosophe qui n'eut d'autre philosophie que celle de ne pas en avoir. Une sagesse instantanée, l'heure favorable des circonstances, une disposition heureuse ou atrabilaire et la passion qui l'animait, dispensérent, dans l'esprit public, la louange ou le blâme à ses ouvrages comme à ses actions.

Pétrarque ne fut guéri de l'ambition que par les revers de Rienzi, et de la volupté que par les années.

Il n'était ni modeste, ni confiant, ni endurant, ni fidèle. Son amour-propre, se révoltant avec une facilité extrême, lui faisait oublier les services qu'on lui rendait. La faveur, les bienfaits, les vertus ne captivèrent jamais les hommages de son respect ni ceux même de sa reconnaissance et de son attachement. L'indulgence, la candeur et la simplicité ne furent point les attributs de son cœur, qu'il ne put affranchir des tourmens affreux du mépris de soi-même. *Le premier supplice que souffre un méchant, c'est d'être contraint à se condamner lui-même.* « Dans ma jeunesse, écrivait-il à Mathieu le Long, archidiacre à Liège, je n'estimais que moi; dans l'âge mûr, je ne méprisais que moi; dans ma vieillesse je méprise tout et moi par dessus tout ». Quel aveu! et que d'observations ne pourrions nous point faire encore! que de conséquences ne pourrions-nous pas en tirer? mais il est temps de finir.

Si de tous les philosophes, Pétrarque est le plus sage, grand Dieu, que sont donc les autres!

F I N.

NOTES

De l'Essai sur Pétrarque.

NOTE PREMIERE. P. 10.

JEAN XXII. est, vraisemblablement, le seul Souverain dont la naissance fut si obsure, qu'à sa mort personne ne se présenta pour recueillir sa succession.

Le tombeau de ce Pape existe encore, tandis que, dans la même église, tous les autres ont été profanés et mutilés. On le voit dans la Cathédrale d'Avignon, attenante au palais des Papes, vrai cahos d'architecture, amas immense et informe de la plus belle maçonnerie. Ce temple est aujourd'hui la demeure d'un faiseur de chenais en pierre....... Ainsi donc où les louanges du Seigneur retentissaient jadis, ce ne sont plus que les coups de maillet de ce vulgaire artiste, qui pénétrent dans le vide des tombeaux.

Le jour que je fus visiter cette église, des poules fesaient leurs œufs dans le mausolée de ce Pontife. Telle est donc la destinée des vanités et des grandeurs humaines ?.... Que de petitesse, que de folie, que d'inconséquence dans les actions des hommes !....

Eh! qui mieux que le fils d'un savetier de Cahors, que le valet de Pierre Ferrier, prouve la vicissitude de la fortune, des circonstances et des choses ? Du sein de la plus ville poussière, *Jacques* s'élève à la pourpre romaine. Les cardinaux qui l'élurent, enfermés par ordre de Philippe le Long, dans le couvent des *frères Bêcheurs* à Lyon, mirent quatre jours à faire du cardinal *d'Ossa*, le Pape Jean XXII. qui fut une torche de discorde pour l'Allemagne, la France et l'Italie ; et pour l'église un sujet de scandale et d'affliction, en soutenant dans un sermon, prêché devant tous les cardinaux, *que les ames des justes ne jouiraient de la vision béatifique qu'après la résurection.*

Le solitaire *Chacabout*, fit croire aux Tonquinois à la transmigration des ames, et *Confucius* leur avait persuadé qu'elles se dissipaient dans l'air.....

L'imagination se plaît à s'égarer dans les régions inconnues de l'avenir, qu'il est plus aisé de pressentir que de prouver. La plupart des choses qu'elle y voit, sont telles qu'un météore dans une nuit obscure, qui ne brille qu'un instant, ne laissant après lui que les ténèbres et l'incertitude.

Montaigne dit, * du Pape Boniface VIII. pour prouver l'inconstance des actions des hommes, *qu'il entra en sa charge comme un renard, s'y porta comme un lyon,.....et mourut comme un chien.....*

NOTE SECONDE. P. 22.

La main de Laure, quelque jolie qu'elle fût, l'était sûrement moins que celle de * * * pour qui je fis cet Impromptu :

---

* L. II.

Quoi ! tu caches ton visage ?
Ah ! malgré toi, je suis heureux !
J'apperçois un de tes yeux...
Ta main est ce nuage
Qui voilant l'azur des cieux,
Nous laisse encor jouir d'un rayon lumineux.

NOTE TROISIÈME. P. 33.

Que les décrets impénétrables du destin, sont quelquefois injustes, honteux et barbares ! ! ! ! Deux ans après, Mr. d'Anguien fut tué à la Rocheguyon par un coffre qui lui fut jetté d'une fênêtre sur la tête. On soupçonna le seigneur *Corneille Bentivoglio*, Italien, qui avait eu quelques démêlés avec ce Prince. François Ier. ne voulut pas qu'on poursuivît cette affaire, de peur d'y voir impliqué le marquis d'Aumale, de la maison de Lorraine. Ce comte d'Anguien était frère du roi de Navarre et du prince de Condé, dont le cadet fut tué à la bataille de Saint-Quentin.

NOTE QUATRIÈME. P. 37.

Mr. de Chasteuil assure que ce tribunal se maintint jusqu'à ce que Phanette de Gantelme, tante de Laure de Sade, en eût formé un second, à l'instar de celui qui avait été fondé par la comtesse des Baux, que ces dames passaient les hivers à Avignon, et la belle saison à Romani, où elles jugeaient de semblables procès. Voici la description d'un parlement d'amour, adressée à la comtesse de Beaujeu :

« Un Président tout de drap d'or,
» Avec robe fourrée d'ermines,
» Et sur le col un camail d'or
» Tout couvert d'émeraudes fines ;
» Les seigneurs lais pour vêtemens
» Ayant robe de beau vermeil,
» Frangées par haut de diamans,
» Reluisans comme le soleil.
» Les autres conseillers d'église,
» Étant vêtus de velours pers,
» A grand feuillage de Venise.
[. . . . .]
[. . . . .]
» Ensuite nombre de Déesses,
» Toutes légistes ou clergesses,
» Qui savaient le décret par cœur,
» Toutes étant vêtues de verd.
» Fourrée de penne de létisses,
» Et ayant leur col tout couvert
» De coliers d'or géants et propices.
[. . . . .]
[. . . . .]
» Leurs habits sentant le cyprès
» Et le musc si abondamment,
» Que l'on n'eût su être bien près
» Sans éternuer largement ». . . .

NOTE CINQUIEME. P. 43.

Environ 200 ans après la mort de Laure, des curieux obtinrent de faire ouvrir le tombeau où elle avait été inhumée ; on y trouva une petite boîte qui contenait des vers italiens, écrits de la main de Pétrarque, et une médaille de plomb, sur un côté de laquelle on voyait le buste d'une femme, et sur l'autre ces quatre lettres : M. L. M. J. qui signifient, à ce qu'on prétend, Madame Laure est morte. *Madonna, Laura morta jace.* Les vers italiens qu'on trouva dans la boîte, sont imprimés dans les œuvres de Pétrarque, publiées à Lyon en 1545.

NOTE SIXIEME. P. 45.

Qui ne croirait que ce ne fût pour le brave Crillon que les vers suivans furent faits ? Qui pourrait ne pas y reconnaître la vérité dans toute sa force et dans tout son éclat.

« Quel est donc ce guerrier plein de feu, de courage,
Que l'on voit s'élancer dans les champs du carnage ?
C'est Mars, dirait sans doute un enfant d'Apollon.
La vérité m'inspire, et me dit c'est Crillon !
Mars aime trop Vénus, Crillon chérit la gloire,
Mars est fait pour la fable et Crillon pour l'histoire ».

NOTE SEPTIEME. P. 48.

Ce passage de l'histoire naturelle de Mr. de Buffon est trop parfait, pour que le lecteur ne le retrouve point ici avec plaisir.

« Qu'est-ce en effet que le moral de l'amour ? Vanité dans le plaisir de la conquête, erreur qui vient de ce qu'on en fait trop de cas ; vanité dans le désir de la conserver exclusivement, état malheureux qu'accompagne toujours la jalousie, petite passion, si basse qu'on voudrait la cacher ; vanité dans la manière d'en jouir, qui fait qu'on ne multiplie que ses gestes ou ses efforts sans multiplier ses plaisirs ; vanité dans la façon même de la perdre, on veut rompre le premier ; car si l'on est quitté, quelle humiliation ! et cette humiliation se tourne en désespoir, lorsqu'on vient à reconnaître qu'on a été longtemps dupe et trompé ».

Telle dut être la situation de la belle Laure, quand Pétrarque partit pour l'Italie, sans qu'aucune raison majeure l'y appellât. On ne peut pas douter que Laure ne l'aimât, malgré la bisarrerie de son humeur, les ruses tyranniques de la coquetterie dont elle fit un long usage, *et toutes les inconséquences de conduite* que Pétrarque lui reprocha.

NOTE HUITIEME. P. 60.

Voici l'éloge qu'en a fait *un des beaux esprits du siècle*, mais d'ailleurs peu recommandable. Les femmes se permettent souvent des élans qu'il n'appartient qu'à l'homme d'avoir avec succès et sans efforts. Habituées aux fausses couches, une de plus ou de moins ne les étonne pas.

Dans cet éloge poétique du Dante et de *l'enfer*, par Madame de Stal, (où ses appas, sans doute, n'ont envoyé personne,) son esprit ne s'offre au notre que sous *des traits hommasses*.

« Le Dante, l'Homere des temps modernes, poëte sacré de nos mystères religieux, *héros de la pensée*, plongea son génie dans le Styx, pour aborder à l'enfer, et son ame fut profonde comme les abymes qu'il a décrits ».

« L'Italie, aux jours de sa puissance, revit toute entière dans le Dante ; animé par l'esprit des républiques, guerrier aussi bien que poëte, il souffla la flamme des actions parmi les morts, et ses ombres ont une vie plus forte que les vivans d'ici bas ».

« Les souverains de la terre les poursuivent encore ; leurs passions sans but, s'acharnent à leur cœur. Elles s'agitent sur le passé, qui leur semble encore moins irrévocable que leur éternel avenir ».

« On dirait que le Dante, banni de son pays, a transporté dans les régions imaginaires, les peines qui le dévoraient. Ses ombres demandent sans cesse des nouvelles de l'existence, comme le poëte lui-même s'informe de sa patrie ; et l'enfer s'offre à lui sous les couleurs de l'exil ».

« Tout à ses yeux se revêt du costume de florence. Les morts antiques qu'il évoque, semblent renaître aussi Toscans que lui ; ce ne sont point les bornes de son esprit, c'est la force de son ame, qui fait entrer l'univers dans le cercle de sa pensée ».

« Un enchainement mystique de cercles et de spheres, le conduit de l'enfer au purgatoire, du purgatoire en paradis. Historien fidèle de sa vision, il inonde de clarté les régions les plus obscures, et le monde qu'il crée dans son triple poëme, est complet, animé, brillant comme une planete nouvelle, apparue dans le firmament ».

« A sa voix, tout sur la terre se change en poésie : les objets, les idées, les lois, les phénomenes, semblent un nouvel olympe, de nouvelles divinités; mais cette mythologie de l'imagination s'anéantit comme le paganisme à l'aspect du paradis, de cet océan de lumieres, étincelant de rayons et d'étoiles, de vertus et d'amour ».

« Les magiques paroles de ce grand poëte, sont le prisme de l'univers; toutes ses merveilles s'y réfléchissent et s'y récomposent. Les sons imitent les couleurs, les couleurs se fondent en harmonie; la rime sonore ou bisarre, rapide ou prolongée, est inspirée par cette divination poétique, beauté suprême de l'art, triomphe du génie qui découvre dans la nature tous les secrets en relation avec le cœur de l'homme ».....

NOTE NEUVIEME. P. 74.

J'oserai dire, malgré l'aveugle enthousiame de l'Athénée de Vaucluse, et l'élévation pitoyable de la colonne de Pétrarque, que les chœurs d'Ester et d'Athalie renferment plus de poésie et de talent que tous les ouvrages ensemble de Pétrarque.

    Mon bonheur est parfait quand je lis Athalie ;
    Quelle douceur ! quel charme ! et quelle mélodie !

Pour prouver ce qu'a dit Voltaire, je n'aurais pas besoin de feuilleter nos recueils de chansons; je n'aurais qu'à rapporter seulement les premières qui s'offriraient à ma mémoire. Mais comme ce serait trop prolonger

longer cette note, je me contenterai d'en indiquer plusieurs, et de rapporter en entier les couplets de Madame la comtesse de Turpein à son mari, qui revenait de Corse. Ce sont les plus jolis vers de société qu'on puisse citer. Je ne crois pas qu'ils ayent été imprimés; si je me trompe, celui qui va les lire m'en saura gré.

> Mes regards ne cherchent plus rien,
> Ils n'enviaient que ta présence,
> Et ton cœur va payer au mien
> Les longues dettes de l'absence.
> Tu reviens enfin près de moi,
> Et les jeux, le bonheur tranquille
> Reviennent encore avec toi
> Habiter ce champêtre asyle.

> Quitter l'objet de ses amours;
> C'est se séparer de soi-même;
> Un héros tient d'autres discours;
> Mais je suis épouse et je t'aime.
> Sans toi les jours les plus sérins
> Sont obscurcis par la tristesse;
> Ils s'éteignent dans les chagrins,
> Ils sont perdus pour la tendresse.

> Je sais bien que du jeune amour
> Le temps jaloux brise les armes;
> Je sais que ce dieu, chaque jour,

Dérobe à mon front quelques charmes ;
Le temps est l'espoir des guerriers,
Et le temps est l'effroi des belles ;
Il rend plus beaux de vieux lauriers,
Et flétrit les roses nouvelles.

———

Mais s'il a détruit mes appas,
S'il nous ravit l'enfant volage,
L'amitié qui vient sur ses pas
Des hivers ne craint point l'outrage :
Qu'elle a de graces et d'attraits,
Oublions l'amour qui s'envole ;
S'il cause en fuyant nos regrets,
Sa sœur nous reste et nous console.

———

Vois tes enfans à tes côtés ;
Vois ton épouse satisfaite,
Redis-nous quelles voluptés,
Quel autre bien ton cœur souhaite ?
Les Dieux te donnent à la fois,
Tout ce qui flatte et ce qui brille :
La gloire t'attend chez les rois,
Et l'amitié dans ta famille.

Il n'est rien dans les œuvres de Pétrarque, ni même dans celles de *Métastase*, qui soit au dessus de l'Opéra de Castor et Pollux, dont nous ne citerons qu'une ariette

POLLUX, seul.

Présent des Dieux, doux charme des humains,
O divine amitié ! viens pénétrer nos ames :
    Les cœurs éclairés de tes flammes,
Avec des plaisirs purs n'ont que des jours séreins.
C'est dans tes nœuds charmans que tout est jouissance;
Le temps ajoute encore un lustre à ta beauté :
    L'amour te laisse la constance,
    Et tu serais la volupté
    Si l'homme avait son innocence.

Si je voulais encore mettre ma mémoire à contribution, j'y retrouverais la charmante chanson du Cardinal de Bernis :

    Le connais tu, ma chère Eléonore,
    Ce tendre enfant qui te suit en tous lieux ;
    Ce faible enfant, qui le serait encore,
    Si tes regards n'en avaient fait un Dieu....

Parmi beaucoup d'autres que me fournirait le Chevalier de Boufflers, je préférerais celle *du fils naturel*.

    O toi qui n'eus jamais dû naître,
    Gage trop cher d'un fol amour,
    Puisse-tu ne jamais connaître
    L'erreur qui te donna le jour.
        Que ton enfance
        Goûte en silence
    Le bonheur qui pour elle est fait.
        Et que l'envie,

Toute la vie,
Ignore ou taise son secret.

La tendresse maternelle a aussi heureusement inspiré Berquin que le moderne la Fare. *Telle beauté, qui s'offre à mon esprit en cet instant, comme la meilleure des mères, ferait redire aux échos les accens plaintifs d'une femme abandonnée.*

> Dors, mon enfant, clos ta paupière,
> Tes cris me déchirent le cœur ;
> Dors, mon enfant, ta pauvre mère
> A bien assez de sa douleur....

Si la douce mélancolie, d'un malheureux amant vient me plonger dans les rêveries de l'amour, je chante avec Mr. de la Harpe :

> O ma tendre musette,
> Musette, mes amours !
> Toi qui chantais Lisette,
> Lisette et les beaux jours,
> D'une vaine espérance
> Tu m'avais trop flatté ;
> Chante son inconstance
> Et ma fidélité.....

Et si j'avais besoin qu'en plaidant ici cette cause, on vint au secours de ma mémoire, Madame la marquise d'Antremont me tirerait souvent d'embarras. Sa romance, *Le besoin d'aimer* ; que son cœur a dictée, on la retrouve dans son ame comme si on l'eusse faite.

Lorsque dans un festin, jour solennel de l'allegresse, les convives réclament une chanson, mille aussitôt s'offrent à leur esprit. Les muses sont assurées en France, d'être accueillies à quelque porte qu'elles frappent. Il n'est pas jusqu'à un de nos plus vulgaires artistes qui, inspiré par elles, ne remplisse d'admiration ceux qui l'écoutent. Si buvant à longs traits, et la tête et la voix s'enflamment, tout à coup les plafonds et les lembris retentissent des bachiques accens de maître Adam Billau, menuisier de Nevers :

> De tous les Dieux que la fable
> A mis dans son panthéon,
> Il n'en est qu'un véritable
> Qui soit digne de ce nom.
> C'est Bacchus que je veux dire ;
> Pour les autres immortels,
> Je crois qu'un buveur peut rire
> Jusqu'aux pieds de leurs autels.

Le vin étant chanté par les hommes, l'eau doit l'être par les femmes ; et Mr. Pannard, anticipa sur leurs droits, lorsqu'il fit les stances intitulées : *Le Ruisseau* : aussi, ce ne sont jamais que les Dames qui, d'une voix mélodieuse, en font entendre les paroles.

> Ruisseau, qui baignes cette plaine,
> Je te ressemble en bien des traits :
> Toujours même penchant t'entraine ;
> Le mien ne changera jamais.....

Si je remonte aux temps des Troubadours, ce ne

peut être qu'en rappellant ici la belle Romance de Mr. le duc de la Valliere, sur les infortunées amours de Coucy et de la belle Vergy.

> Hélas ! qui pourra jamais croire
> L'amour de Raoul de Coucy ?
> Hélas ! qui ne plaindra l'histoire
> De Gabrielle de Vergy ?
> Tous deux s'aimerent dès l'enfance ;
> Mais le sort injuste et jaloux
> L'avait mise sous la puissance
> D'un cruel et barbare époux....

Floriant, sur sa flute champêtre, a fait retentir, des plus douloureux accens, le donjon où fut renfermée la fidèle *Clémence* Isaure, par le plus barbare de tous les pères.

> A Toulouse il fut une belle,
> Clémence Isaure était son nom ;
> Le beau Lautrec brula pour elle,
> Et de sa foi reçut le don ;
> Mais leurs parens trop inflexibles
> S'opposaient à leurs tendres feux ;
> Ainsi toujours les cœurs sensibles
> Sont nés pour être malheureux......

Quelque regret que j'éprouve de ne pas satisfaire le lecteur, en m'abstenant de rapporter les autres couplets, je ne m'écarterai pas de la régle que je me suis faite de ne rappeller les chansons et les romances que je cite que par leur commencement.

Je ne saurais établir de parallele entre les amours

de Pétrarque et de Laure, et ceux de Raoul de Coucy et de l'infortunée Gabrielle de Vergi ; non plus que de me permetre la moindre comparaison entre les chansons naïves et tendres de ce chatelain, mort au siège de Saint-Jean d'Acre en 1191. et les *Canzoni* de ce Florentin, où le feu brûlant d'amour n'est qu'un feu brillant d'artifice. Pétrarque, à la lueur de sa flamme, s'efforçait de montrer de l'esprit, tandis que Coucy n'aspirait qu'à faire connaitre son cœur. Au nom seul de de Coucy, les souvenirs glorieux de nos annales s'offrant en foule à notre esprit, je pense qu'il n'est aucun de nos lecteurs qui ne me sache gré de lui donner une idée des mœurs de son temps, en plaçant sous ses regards un couplet de diverses chansons que Raoul adressait à Gabrielle.

C H. I I I.

Bien cuidai vivre sans amour
Dès-ore en paix tout mon aé ;
Mais retrait m'a en la folour
Més cuers dont l'avoie escapé.
Enpris ai grenour folie,
Que li fous enfis ki crie
Pour la belle estoile avoir,
Qu'il voit haut et ciel séoir.

« J'espérais vivre sans amour et en paix le reste de mes jours ; mais le penchant de mon cœur m'entraîne vers une passion folle à laquelle je le croyais échapé. Aussi suis-je plus fou que l'enfant qui crie pour avoir l'étoile qu'il voit fixée au haut de la voûte céleste. »

Ch. VIII.

Lorsque rose ne fuille
Ne flour ne voi paroir;
Que n'oi chanter par bruille
Oisel ne main ne soir;
Adonc florist mon cuer, à son voloir;
En bonne amour qui m'a en son povoir;
Si qu'ainz n'en poi issir.
Et s'il est rien qui m'en puisse partir,
Jamès nel quier savoir, ne Dex nel vuille.

« Je ne vois paraître feuilles ni fleurs : la rose tarde à éclore. Je n'entends matin ni soir les oiseaux amoureux chanter dans les bocages. Cependant, semblable à la fleur qui s'épanouit aux rayons du soleil, mon cœur s'ouvre volontiers à ceux de la beauté que j'aime. J'en suis et serai à jamais l'esclave. S'il est un moyen de m'affranchir, puissé-je l'ignorer toujours ! Dieu veuille le rendre impossible. »

Ch. XII.

Quant li rosignol jolis
Chante seur la flor d'esté;
Que naist la rose et le lis,
Et la rousée el vert pré;
Plains de bone volonté,
Chanterai con fins amis.
Mais d'itant sui esbahis
Que j'ai si très haut pensé,
Qu'à paines iert accompli
Li servirs dont j'atens gré.

Quand

« Quand le rossignol joli fait retentir de ses chants les bocages que l'été pare de fleurs, quand le lis et la rose se hâtent d'éclore, et que la rosée tombe en perles sur la verdure des prés ; plein de volonté amoureuse, je dois chanter comme loyal amant. Mais une chose me trouble : j'ai élevé si haut ma pensée, que j'aurai peine à m'acquitter du service dont j'attends qu'on me sache gré. »

CH. XIII.

Quant li estés et la douce saisons
Fait foille et flors et les prés raverdir,
Et le dols chans des menus oisillons
Fait à pluisors de joie sosvenir ;
Las ! chacuns cante, et jo plore et sospir,
Et si n'est pas droiture ne raisons :
Ains c'est adés tote m'entencions,
Dame, de vos honorer et servir.

« Dans la saison nouvelle, la verdure des bois et des prairies, le parfum des fleurs, les doux concerts des oiseaux, réveillent dans le cœur des amans heureux le sentiment de leurs plaisirs. Ils chantent, hélas ! tandis que je pleure et soupire. Mais quelle raison de m'attrister en cédant au désir de vous honorer, ma Dame, et de vous servir ? »

CH. XVII.

Commencement de douce seson bele
Que je voi revenir,
Remenbrance d'amors qui me rapele,
Dont jà ne puis partir,

Et la mauviz qui coumence à tentir,
Et li douz sons dou ruissel de gravele
Que je voi resclaircir,
Me font ressouvenir
De la où tuit mi bon desir
Sont et seront jusqu'au morir.

« Commencement de douce et belle saison dont je vois le retour, souvenir d'amour qui m'attire, et dont je ne puis plus me départir, le chant nouveau de l'alouette, l'agréable murmure du ruisseau qui s'éclaircit en roulant sur le gravier ; tout me rappelle l'idée de la Dame pour qui sont et seront jusqu'à la mort tous mes vrais desirs ».

La vingt-deuxième chanson, des mémoires de Raoul de Coucy, peint trop bien l'esprit chevaleresque de son siècle, pour ne point aimer à la tirer de l'oubli. Le manuscrit du Vatican l'attribue au comte de Bethune, mais on croit qu'il se trompe ainsi que M. de la Ravalliere, qui dit, qu'elle est semblable à celle du roi de Navarre; d'où il conclut qu'elle a été imitée par Raoul II. de Coucy, tué à la Massoure : mais comme cela n'est pas prouvé, j'en crois plutôt ceux qui ont reconnu le style du chatelain.

L'amour de sa Dame, de son roi et de son Dieu, brûlant d'une même ardeur, partageait entre le ciel et la terre le cœur franc et loyal du brave Coucy ; la chanson que voici toute entière, en est une preuve :

CH. XXII.

> Ahi ! Amors, com dure départie
> Me convendra fere pour la meillor
> Qui onques fust amée ne servie !
> Dex me ramaint à li, par sa douçor,
> Si voirement com g'en part à dolor.
> Dex ! q'uai-je dit ? Jà ne m'en part-je mie,
> Ainz va mes cors servir notre Seignor,
> Mes cuers remaint du tout en sa baillie.

« Hélas ! amour, qu'il est cruel de se séparer de la meilleure femme qui fut jamais aimée et servie ! Puisse Dieu, par sa bonté, me ramener auprès d'elle avec un plaisir égal à la douleur que j'éprouve en m'en séparant ! Dieu ! qu'ai-je dit ? Je ne m'en sépare point. Mon corps va servir le Seigneur, mais mon cœur demeure tout entier près d'elle. »

> Pour li m'en vois sospirant en surie ;
> Car nus ne doit faillir son criator.
> Qui li faudra à cest besoin d'aïe,
> Sachiez de voir qu'il faudra à greignor,
> Et sachiez bien li grand et li menor
> Que là doit-on fere chevalerie ;
> C'on i conquiert paradis et honor,
> Et pris, et los, et l'amor de sa Mie.

« Soupirant pour elle, je m'en vais en Syrie. On ne doit pas manquer à son créateur. Qui manquerait à le secourir dans ce besoin, lui manquerait sans doute dans un besoin plus pressant. Sachez tous que c'est là que l'on doit se signaler par mille exploits de chevalerie. On y gagne paradis, honneur, gloire, louange et l'amour de sa mie.

> Qui ci ne veut avoir vie honteuse,
> S'aille morir pour Dieu liez et joïeus :
> Car ceste mors est bone et glorieuse,
> Qu'en i conquier le raigne glorieus.
> Ne ja de mort n'en i morra un seus ;
> Ainz nestront tuit en vie glorieuse.
> Je n'i sai plus qui ne fust amoreus,
> Trop fust la voie et bone et deliteuse.

« Que celui qui craint de vivre avec honte, aille mourir avec joye pour son Dieu. Quelle mort plus belle et plus glorieuse ! Le royaume des cieux en est la recompense. Que dis-je ? ce n'est point une mort. Mourir ainsi, c'est naître pour la gloire, c'est commencer à vivre. Ah ! sans l'amour, que ce voyage aurait de charmes ! »

> Dex est assis en son saint héritage ;
> Ore i parra com cil le secorront
> Que il geta de la prison honbrage,
> Quant il fut mis en la croix que Turc ont ;
> Bien sont honi tuit cil qui re nauront,
> Se nes retient pouretez ou mulage :
> Et cil qui riche et sain et fort seront,
> N'i puent pas demorer sans hontage.

« Dieu est assiégé dans son saint héritage. Il s'agit de voir comment le secourront ceux qu'il a rachetés de l'enfer, en mourant sur la croix que les Turcs profanent. Honte, déshonneur, à quiconque sans raison de mala-

die ou de pauvreté, ne vole pas à son secours ! Voilà
le partage de ceux qui demeureront. »

>Tuit li clergié et li honme d'aagé
>Qui en aumosnes et en bienfet meinront,
>Partiront tuit à cest pélérinage,
>Et les Dames qui chastée tenront,
>Se loiauté font à ceux qui i vont.
>Et s'eles font par mal conseil folage,
>A lesches gens mauveses le feront ;
>Car tuit li bon s'en vont en cest voyage.

« Les prêtres, les vieillards qui y contribueront par
leurs aumônes et leurs bienfaits ; les femmes qui, malgré l'absence, garderont fidélité à leurs amans, partage-
ront la gloire de cette pieuse expédition. S'il en était
d'assez folles pour devenir infidèles, elles ne le seraient
que pour des lâches : tous les braves chevaliers sont du
voyage. »

Que de simplicité, que de décence dans l'expression de
ces chansons ! Les principes en sont divins, le naturel enchanteur. Quel siècle, que celui où la vertu, l'amour et
le bonheur ne fesaient qu'un ! où l'honneur rendait seul
des arrêts, où tout chevalier eût préféré mourir que de
vivre infame ! . . . . O temps heureux ! ô temps
de gloire ! qu'êtes-vous devenus ?

Les tragiques amours de Raoul de Coucy, eurent
des imitateurs au treizieme siècle, dans Cabestan, gentilhomme du Roussillon, Troubodour, chantant les bel-
es de son temps, et dans Tricline de Carbonnel, épouse

NOTES DE L'ESSAI

du seigneur de Saillant; qui, dans sa jalousie, tua le Troubadour, et fit servir son cœur à l'aimable Tricline, qui, comme Gabrielle de Vergy dit, que *onc ne mangerait d'autre viande*. Elle tint parole et mourut.

NOTE DIXIEME. P. 74.

CH. XIII. *de Pétrarque.*

« Si par des vers tendres, pleins de chaleur,
Je pouvais exprimer le feu qui me dévore,
 Telle qui fuit un amant qui l'adore,
 Partagerait peut être son ardeur.
Par mes feux consumés je ne verrais pas Laure
 Conserver toujours la froideur.
Mes yeux ne seraient plus, innondés de mes larmes,
On ne m'entendrait plus sans cesse soupirer.
Ces rochers, ces déserts où l'on me voit errer,
 N'auraient plus pour moi tant de charmes ».

« Je le sais bien, mes vers sont durs, sans agrémens,
 C'est à l'amour qu'il faut s'en prendre.
 Par lui troublé, mon esprit ne peut rendre
 Tout ce que mon cœur sent.
 Mais ce que je ne saurais dire,
 S'ils voulaient ces beaux yeux,
 Où l'amour se plait tant,
Dans le fond de mon cœur ils pourraient bien le lire.
 Par mes plaintes, par mes soupirs,
 Quand je veux soulager ma peine,
 Je déplais à ma souveraine
Et rien ne tourne au gré de mes desirs ».

« Oui, je sens au fond de moi-même,
Quelqu'un qui m'entretient de la beauté que j'aime,
Et me présente à chaque instant ses traits.
Mais si je veux de ses attraits
Ebaucher la moindre peinture,
Mon esprit n'y parvient jamais.
Quand je reçus ma première blessure,
Par les plus jolis vers j'exprimais mon ardeur.
C'était là ma seule ressource.
L'amour a tari cette source ;
Je ne puis soulager mon cœur ».

« Comme un enfant dans les bras de sa mère,
Qui ne sait pas parler et ne peut pas se taire,
Je fais pour m'expliquer des efforts impuissans;
L'amour veut que mon ennemie,
Avant que je perde la vie,
Entende mes faibles accens.....
Séjour enchanté, rive aimable !
Livrez passage à mes soupirs,
Et qu'on dise qu'à mes desirs
Vous fûtes toujours favorable ».

« Lorsque Laure en ces lieux fait briller ses appas,
Par des mouvemens pleins de graces,
Ses pieds gravent sur vous les traces de ses pas.
Ah ! si vous conserviez ces précieuses traces,
Au milieu de ces fleurs, sur ce gazon charmant,
Quand je viens vous porter quelque plainte secrette
Mon ame agitée, inquiette
Trouverait parmi vous quelque soulagement.
Tout me ravit ici, quand je me représente
Laure par ses regards embellissant ces lieux ».

« Qui, de quelque côté que je tourne les yeux
Je sens une douceur charmante ;
Quand je vois une belle fleur
Sur ces bords que le fleuve arrose,
Je crois que sous ses pas cette fleur est éclose,
Lorsqu'un gazon naissant me plait par sa fraicheur,
Je dis, ici souvent cette belle repose.
Si de pareils effets votre corps est la cause,
Laure, de votre esprit quel est donc le bonheur ? »

Cette traduction est dépourvue de grace et d'harmonie ; c'est de la bonne prose rimée, pour rendre de poétiques pensées : mais elle a le mérite d'être fidèle au texte.

NOTE ONZIEME. P. 74.

Strophe que Voltaire a traduite.

Chiare, fresche, dolci acque,
Ove le belle membra
Pose colei che a me pardonna,
Gentil ramo, ove piacque
(Con sospir mi rimembra)
A lei di fare al bel fianco colonna
Erba ; el fior, che la gonna,
Leggiadra ricoverse
Con l'angelino seno ;
Per sano sereno
Ov' amor co' begli acchi il cor m'aperse
Date cedienza insienne
Elle dolenti mia parole estreme.

NOTE DOUZIEME. P. 77.

Les œuvres de Pétrarque furent imprimées à Bâle,
en

en 1581, en quatre volumes in-folio. L'édition la plus recherchée est celle donnée à Venise en 1470, in-folio ; et celle de Padoue en 1472.

Ouvrages de Pétrarque les moins connus :

De Praesenti Mundo. — Vita Scipionis Africani. De Vita solitaria. — De remediis utrius que Fortune. — Invective contre Medicum. — De vera Sapientia. — De Otio Religiosorum. — De Contemptu Mundi. — Rerum Memorabilium. Libri sex. De Republica optime administranda.

NOTE TREIZIEME. P. 78.

Il n'est point d'expression qui puisse faire connaître toute l'étendue du devoir d'un sujet envers son légitime souverain, comme le trait que rapporte un prince auguste, historien estimable et judicieux de la vie de son immortel ayeul, le grand Condé. Le voici :

« Louis xiv. , dit-il, de retour à Versailles, essuyait une opération dangereuse. Ce monarque, au milieu des douleurs les plus aigues, demandait sans cesse des nouvelles de Monsieur le prince, qui, de son côté, s'occupait bien plus de la santé du roi que de la sienne ; il envoya quatre fois auprès du roi le duc d'Enghien, en lui disant qu'il ne doutait point de sa tendresse, mais qu'avant tout, il fallait faire son devoir. Tel était l'enthousiasme de respect, si j'ose m'exprimer ainsi, qu'inspirait alors Louis xiv. que les devoirs d'un fils paraissaient même à son père, inférieurs à ceux d'un prince et d'un sujet envers son souverain ».

Ceux qui liront cette note, me sauront gré de l'avoir prolongée, pour les mettre à même de juger, par deux passages, dignes de nos plus grands orateurs chrétiens, de l'éloquence d'un héros.

« Louis XIV. en recevant la lettre de Monsieur le prince, s'écria : *J'ai perdu le plus grand homme de mes États.* La vanité, peut-être, eut autant de part à cette expression que les regrets ; mais heureux les sujets dans lesquels un monarque place ainsi son orgueil ! »

« Il n'était plus qu'un genre de gloire que Condé n'eût pas réuni sur sa tête ; la palme de la religion était la seule qui ne parût pas destinée à flotter sur ce front auguste, couronné depuis si long-temps par les vertus et la victoire. La mort édifiante et courageuse de la duchesse de Longeville, frappe ce grand Prince d'étonnement et d'admiration ; il balance, et l'incrédulité pâlit ; il se décide, et la religion triomphe : sans doute il était de la majesté de l'être suprême, de faire du plus beau de ses ouvrages son plus fervent adorateur.... Mais était-ce donc à la tendresse paternelle à répandre un voile funèbre sur tant de vertus ? La petite vérole exerce ses ravages à Fontainebleau ; la duchesse de Bourbon est prête à périr. Condé souffrant, faible et languissant lui-même, apprend à Chantilly le danger de sa petite fille.... Dès ce moment il oublie ses douleurs, son inquiétude paraît son seul mal ; il ne consulte ni ses forces, ni son état ; il n'écoute ni ses serviteurs, ni ses amis, ni ses enfans ; il vole, il arrive où sa sensibilité l'appelle.... La mort change de victime. : prête à frapper, elle s'arrête, étonnée de son pouvoir; elle hésite à trancher le fil de ses jours précieux, marqués par la grandeur, consacrés par la gloire, et dont les restes sont encore des exemples de vertu. Mais la vertu même ne peut changer l'ordre des destinées. Le tombeau s'ouvre, Condé succombe, et le génie le plus mâle s'honore d'y descendre en héros chrétien ».

(Extrait de la vie du grand Condé, par Louis-Joseph de Bourbon, prince de Condé. 1. Vol. in-octavo, avec deux portraits).

NOTE QUATORZIEME. P. 81.

Jacques Sannazar, vivait en Italie vers la fin du quinzième siècle ; il est connu par un grand nombre de poésies latines et italiennes. Son poème *de partu Virginis*, est celui de ses ouvrages qu'on estime le plus, malgré le mélange d'idées profanes et sacrées qui le déprécient beaucoup. Il mourut à Naples l'an 1530.

NOTE QUINZIEME. P. 81.

Jean-Baptiste Guarini, issu d'une noble maison de Veronne, nâquit à Ferrare en 1537. Ce ne fut point sans de nombreux désagrémens qu'il passa la plus grande partie de sa vie à la cour d'Alphonce II. duc de Ferrare et chez d'autres princes.... C'est un des illustres poëtes dont l'Italie s'honore. Son *Pastor Fido* eut un grand succès, mais il n'y fut guere sensible ; il faisait peu de cas du titre de poëte, qu'avec raison il regardait comme au dessous de la dignité d'un gentilhomme. Il mourut à Venise en 1612.

NOTE SEIZIEME. P. 82.

Voici des détails sur le couronnement de Pétrarque, qui quoique fort extraordinaires, fort singuliers et fort longs, n'ont rien d'ennuyeux, ce qui m'avait d'abord déterminé à les insérer dans le corps de cet ouvrage, qui est une suite de réflexions plutôt qu'un discours.

« Le jour marqué pour la cérémonie, fut plus beau » et plus serein qu'à l'ordinaire. (*Voilà qui déjà ne laisse pas que d'être très-intéressant pour la postérité*). » Après une messe solennelle, (*dont Cupidon sans doute fut le Lévite qui la servit, puisque c'était pour la prospérité et le bonheur de l'amant le plus célèbre du* » *siécle*), on conduisit Pétrarque en grand cortege au » palais Colonna, où il dina avec toute la noblesse et » les gens de lettres de Rome... (*Fut-il jamais de jour plus favorable à la pédanterie et qui prêtât davantage* » *au ridicule ?*) Le festin fut magnifique et bien servi. Sans contredit, c'est ce qu'il y avait de mieux. Que les gens de lettres sont petits, qu'ils sont ennuyeux, qu'ils sont bêtes ! En général, ils ont la bonhomie de croire qu'ils sont des personnages d'une grande importance, qu'on s'intéresse si fort à eux, que le public *est impatient de connaître jusqu'à leurs moindres paroles. On croirait que les Oeuvres de Boileau seraient incomplettes, si l'on n'y lisait point :*

<blockquote>
Après Agégilas,
Hélas !
Mais après Hatila,
Hola !
</blockquote>

Je cite cet exemple, parce qu'il suffit pour faire sentir tout le ridicule de cet empressement à publier, à la suite des plus grands chefs-d'oeuvres, de véritables niaiseries, pour me servir de l'expression de Pétrarque.

Mais poursuivons, quelque indigne que je sois de suivre ce grand homme, s'acheminant pompeusement au Capitole. j'ai retrouvé la piste, je ne veux plus
» la perdre). Après le diné, on lut quelques ouvrages :
» Pétrarque fit un discours (*c'était bien le moins qu'il dût*
» *faire*), pour apprendre à l'assemblée que c'était le roi
» Robert qui l'avait jugé digne de la couronne, et qu'il
» serait très-sensible, si elle daignait l'accompagner à
» cette cérémonie. L'assemblée seconda tous *ses voeux*.
» Après quoi on habilla le poëte de la manière suivante :
» on lui mit au pied droit nud, une chaussure qui con-
» vient aux poëtes tragiques. Au pied gauche, une
» chaussure violette, en forme de brodequin, qui s'at-
» tachait avec des liens bleus, par dessus le pied et au
» tour de la jambe, en faisant plusieurs tours. C'est
» la chaussure des Poëtes comiques, qui écrivent des

» choses plus communes et plus agréables. Le violet
» est la couleur de l'amour, le bleu *de la jalousie,*
» *qui est inséparable de l'amour* ».

« Sur son pourpoint de taffetas gris, on lui vêtit
» une longue robe de velours violet, fermé au colet et
» aux manches. Elle était doublée de taffetas verd,
» pour marquer que le poëte doit toujours avoir des
» idées neuves ; et garnie autour d'un galon d'or fin,
» qui signifiait que les productions du poëte doivent
» être affinées comme l'or. Enfin, on le ceignit
» d'une chaîne de diamans, pour faire entendre que
» le poëte doit tenir ses idées secrettes. On voit par là
» que la poésie a plus de mystères qu'on ne pense ».

Ici je crois voir des enfans ou des histrions....

« Sur cette robe, on lui en mit une autre de satin
» blanc, ouverte sur les côtés, sans ceinture, sembla-
» ble à celle que les Empereurs portaient dans les tri-
» omphes, à cause d'un certain rapport qui existe en-
» tre les Empereurs et les poëtes. (*En effet il n'est rien*
» *de si frappant*). Le blanc est le symbole de la pureté,
» qui doit être la vertu des poëtes. (*Et sur-tout par*
» *conséquent des Empereurs.*) Ensuite, on lui couvrit
» la tête d'une mitre de toile d'or, faite en pointe,
» pour qu'on y pût placer plus aisément les couron-
» nes, et garnie de diamans par derrière, comme celle
» des Evêques. On lui attacha au cou une lyre, qui
» est l'enseigne du poëte, avec une chaîne composée

» de figures de dragons, pour lui faire entendre qu'il
» doit changer et se renouveller tous les ans comme le
» dragon. »

« On lui mit une paire de gants de peau d'Outre,
» animal qui vit de rapines. Cela convient aux poëtes,
» dit Gui d'Arezzo, parce qu'ils vont pillant d'un côté
» et d'autre ».

» Quand on l'eut ainsi équipé, on lui donna, pour
» porter la queue de sa robe, une fille échevelée, pieds
» nuds, avec une peau d'ours en écharpe, tenant une
» chandelle allumée à la main gauche. Elle représen-
» tait la folie, qui s'imagine mieux voir à la lueur de
» son flambeau, qu'à la clarté du soleil. On sait que
» c'est la manie des poëtes. »

(*Et principalement des Philosophes.*)

» Pétrarque descendit en cet état dans la cour, où
» il trouva un chariot garni de dévises, couvert de
» laurier, de lierre et de myrthe, et entouré d'un
» drap d'or, où étaient représentés le Parnasse, Pégase,
» l'Aganipe et Apollon dansant avec les Muses. Orphée,
» Homere, Virgille, Catulle et plusieurs autres poëtes
» Grecs et Latins, étaient spectateurs ».

Comment expliquer la présence figurée de ces au-
teurs immortels au triomphe de Pétrarque ? Cela ne
signifiait, sinon que ces maitres sublimes dans l'art
d'écrire, n'ayant pas obtenu de pareils honneurs,
Pétrarque était au dessus d'eux ; ou bien qu'on les lui
offrait comme devant les prendre toujours pour modé-

les. Ou plutôt ce n'était qu'une farce de carnaval, dans laquelle on mistifiait Pétrarque.

« A la cime du char on avait placé un siége à côté
» de Pétrarque, où il s'assit ; il avait à la main une grande
» lyre d'ivoire, et auprès de lui des plumes, du papier,
» de l'encre, des livres et tous les attributs des arts libé-
» raux. Autour du char on avait mis des images de tous
» les Dieux, des personnes représentant Mars armé, Vé-
» nus nue, avec une troupe de petits amours, et les trois
» Graces à côté d'eux ».

Tout cela ne figurait-il pas d merveille autour d'un ecclésiastique le jour de Pâques ? Que d'absurdités ! Que d'indécence !

« On l'avait jugé ainsi convenable, parce que ce sont
» les Divinités dont les poëtes tirent le plus de secours.
« Bacchus paraissait sur le timon, entouré de vases
» pleins de vins exquis de tous les pays. A sa gauche,
» était la patience vêtue de burre, tenant les rennes des
» quatre coursiers ».

» Il était précédé d'une paysane habillée de brun,
» qui chassait devant elle, avec une houssine, un homme
» bien mis, parfumé, couché nonchalamment dans une
» litière, portée par deux chevaux qui allaient au pas.
» C'était la fatigue chassant l'oisiveté, qui n'a jamais
» conduit personne au triomphe. A côté du char,
» marchaient trois estafiers, vêtus des livrées du poëte,
» portant le laurier, le lierre et le myrthe. A la suite,
» on voyait la pauvreté en vieux haillons et la moque-
» rie couverte d'une peau de sanglier, qui tirait de

temps

» temps en temps une lange de serpent. Elle s'effor-
» çait de monter sur le char, et ne pouvait en venir
» à bout ».

(*Pourtant c'était bien là sa place, comme président cette triomphale parodie.*)

« L'envie ne s'éloigna jamais du char ; elle était telle
» qu'Ovide l'a dépeinte. Elle avait à la main une ar-
» balète tendue, prête à tirer. Deux chœurs de musi-
» que, l'un de voix et l'autre d'instrumens, suivaient
» le cortege avec une troupe de satyres, de faunes et
» de jolies nymphes, qui dansaient. Lorsque la musique
» cessait, on entendait les voix de quelques jeunes gens
» qui voltigeaient autour du char, en chantant des vers
» latins et toscans à l'honneur de Pétrarque et de Rome.
» Les rues étaient jonchées de fleurs : on y voyait par-
» tout un grand concours de monde ; les fenêtres étaient
» remplies de dames et de demoiselles qui jetaient des
» roses, des jassemins, des lys et toutes sortes de fleurs.
» Elles répandirent plus d'eau de rose, de fleur d'orange
» et de parfums de toute espèce, que les Espagnols et
» les Napolitains n'en consumaient dans un an. Com-
» bien de dames enviaient le bonheur de Laure, d'a-
» voir un amant qui la chantait si bien. . . . . Au
» milieu de cette gloire et de ces honneurs excessifs,
» Pétrarque arriva au Capitole. Il y fit un discours,
» pour demander la couronne, qui fut généralement
» applaudi. On lui en mit trois, une de lierre, parce
» que c'est ainsi que Bacchus couronna le premier des

P p.

» poëtes ; la seconde de lauriers, arbre consacré aux
» vainqueurs, parce qu'autrefois les poëtes se livraient
» une sorte de combats, et le vainqueur était couronné
» comme un général d'armée. La troisième était de
» myrthe ; on sait que c'est l'arbre de Vénus. Le séna-
» teur lui donna un beau rubis, estimé 500 ducats. Le
» peuple romain lui fit présent d'une pareille somme
» et de tous les habits de la cérémonie, pour lui mar-
» quer sa reconnaissance, de ce qu'il avait mieux aimé
» être couronné à Rome qu'à Paris ».

(*Est-ce dans le même esprit, dans le même patriotisme, que l'Athénée de Vaucluse lui a élevé un
monument ?*)

» Pétrarque étant remonté dans son char, alla dans
» le même ordre qu'il était venu à l'Eglise de Saint-
» Pierre, d'où il se rendit ensuite au palais Colonna,
» où l'on avait préparé un grand festin. Après soupé,
» pour amuser la compagnie, il dansa, en pourpoint,
» une belle et vigoureuse moresque, avec de petites
» cloches aux bras et aux jambes, ce qu'on regarda
» comme un trait de politesse et de grandeur d'ame,
» digne d'un poëte qui venait de triompher ».

(Mémoires du père Niceron, T. 28. P. 372).

Ce pauvre révérend père Niceron, rapporte cela avec
une bonhomie admirable. Je ne crois point d'avoir rien
lu de plus plat, de plus ridicule que les détails de

cette cérémonie, s'il est permis de l'appeller ainsi. Croirait-on que c'est le mot-d-moi d'un homme raisonnable que je viens de transcrire ? On dirait plutôt que cela a été conçu dans les murs des petites maisons, que dans ceux de la reine du monde.

NOTE DIX'SEPTIEME. P. 99.

Au commencement de septembre de l'année 1792, l'église des Carmes à Paris, fut le théâtre du massacre le plus horrible de la révolution. A ce souvenir, mes cheveux se dressent, tout mon sang se glace ! Ô jour fatal à la vertu! Plus de trois cents prêtres, ayant l'archévêque d'Arles à leur tête, étaient prosternés aux pieds de la croix, les mains jointes, les yeux fixés au ciel, priaient avec ferveur pour la patrie et pour leurs ennemis, quand une foule d'implacables assassins attaquent la porte du temple..... Grand Dieu ! abandonnerez-vous vos ministres ? Quoi ! la foudre ne se fait point entendre ? O que les décrets de la divine justice sont impénétrables! La porte du temple s'ouvre.... Les barbares entrent, portant sur leurs exécrables visages, l'empreinte de la férocité la plus atroce. Armés de dagues, de poignards, de coutelas, de massues, ils se précipitent comme des tigres affamés sur ces religieuses victimes, qui loin de montrer de la faiblesse aux approches du martyre, s'écrient avec David : *Mon Dieu, ayez pitié de nous, car l'homme méchant veut nous dévorer.....* L'harmonie de leur chant lugubre, la sublimité des paroles du roi prophete, la présence du Dieu tout puissant, rien n'appelle le remords ni la pitié à leur secours; au contraire, tout semble provoquer l'excès de la fureur et de la rage. Aussitôt des imprécations affreuses et des cris perçans d'allégresse retentissent dans toute l'église, avec les louanges du seigneur et les cris plaintifs des mourans.... On ne voit plus que des prêtres expirans, prouver par la sainteté de leur mort, l'immortalité de leur ame; qu'une église teinte de sang, exhalant par ses ouvertures la fumée du plus noir des forfaits, et l'autel servant d'écaffaud aux martyrs, et la croix surnageant dans le sang de ses ministres.

Le dernier qui fut immolé, vit fondre sur lui ces monstres effroyables et n'en frémit pas. Il chantait encore le dernier verset du 55ème. Pseaume, quand il est renversé mourant sur le carreau. Il leur dit d'une voix presque éteinte, en les regardant d'un œil doux : *Je vous pardonne ma mort et celle de mes confreres, quoiqu'elles me soient plus douloureuses que la mienne.* O crime! ô fureur inouie! insensibles à tant de vertu, le cœur de ces impitoyables bourreaux en devint plus cruel. Deux d'entr'eux mettent un pied sacrilege sur sa poitrine, et d'un coup de massue, qui retentit jusqu'au fond du tabernacle, lui enfoncent le crane et la victime expire.

Avant que de quitter ce spectacle effroyable, ils s'en repaissaient à loisir. Chacun, sans proférer une seule parole, portant autour de soi des regards avides, que le sang de l'innocence ne peut satisfaire, en coulant même par torrens, accourt percer de nouveaux coups de poignards, les victimes qu'il soupçonne respirer encore. Après cela, couverts du sang des martyrs, ils furent au club des Jacobins recevoir la couronne civique, devenue le prix du plus féroce brigandage. A chaque pas qu'ils fesaient, leurs pieds laissaient l'empreinte du forfait dont leurs mains venaient de se squiller.

NOTE DIXHUITIEME. P. 99.

La vie de tout individu, dit Shakespeare, est précieuse pour lui et doit l'être à sa patrie ; mais la vie de qui dépendent tant de vies, celle des Souverains est précieuse pour tous. Un crime fait-il disparaitre la majesté royale ? à la place qu'elle occupait, il se forme un gouffre effroyable et tout ce qui l'environne s'y précipite.

(*Hamlet. Trag. act.* III. *Sc.* 8.)

NOTE DIXNEUVIEME. P. 142.

Cet *Essai* était sous presse quand le *Décret* a paru. On a observé, à cette époque, que le Pape ne pouvant être sujet, il fallait qu'il restât souverain de ses Etats, dont il étoit redevable à la piété généreuse des rois. . . . . . .

Le pape, peut n'être ni sujet, ni souverain et être ce *qu'il est*, ce *qu'il doit être*, et ce qu'il ne peut cesser d'être, sans provoquer le plus dangereux de tous les chismes, puisqu'il allumerait les dissentions les plus cruelles. Comme *successeur* de saint-Pierre, il est au dessus *de tout titre* humain. Sujet de Dieu seul, vicaire de Jesus-Christ, souverain Pontife, saint-Père de tous les hommes, il a des droits égaux sur le cœur des Princes comme sur celui des peuples.

Nous croyons que, sans imprudence, une réflexion nous est permise et comme homme, Français et chrétien.

Si la France était seule à pourvoir au besoin de la dignité d'un si haut rang, le Pape ne serait-il pas sous sa dépendance ? Les autres puissances *le souffriraient-elles toujours*, et le saint-siége ne réclamera-t-il jamais contre un si grand abus, et ses réclamations ne feront-elles point d'impression, étant si impérieuses de leur nature ? Il est des malheurs qui rendent plus puissant que les avantages de la fortune et du hazard. . . . .

L'intérêt de la société chrétienne exige, incontestablement, que tous les souverains en corps contribuent à constituer au saint-siége, un revenu de trois millons : on trouvera peut-être cette somme trop exorbitante ; mais qu'est-ce trois millions pour l'apôtre suprême de la charité, le père spécial de tous les pauvres ? . . .

A la paix générale, il pourrait être désigné à cet effet, un canton dans les états de chaque souverain, pour fournir, annuellement, une taxe nécessaire au complément de la *contribution européenne, chrétienne et royale*. Sinon, il conviendrait peut-être mieux encore de donner au Pape, la souveraineté de l'Isle de Corse ou de Malthe, où il résiderait, en conservant le titre d'Evêque de Rome, qu'il ne peut jamais perdre, et en réunissant sur sa tête sacrée la dignité de grand-maître.

« Ce serait un moyen de rassurer la cour de Rome et les peuples qui tremblent pour son avenir et le leur. . . .

A présent que nous avons émis notre opinion, nous rapporterons celle du Président Hénault, qui ne saurait être soupçonnée de partialité.

« Le Pape, dit-il, n'est plus comme dans les commencemens, le sujet de l'Empereur ; depuis que l'église s'est répandue dans l'univers, il a à répondre à tous ceux qui y commandent, et par conséquent aucun ne doit lui commander. La religion ne suffit pas pour imposer à tant de souverains, et Dieu a justement permis que le père commun des fidèles entretint, par son indépendance, le respect qui lui est dû : ainsi donc il est bon que le Pape ait la propriété d'une puissance temporelle, en même temps qu'il a l'exercice de la spirituelle ; mais pourvu qu'il ne possède la première que chez lui, et qu'il n'exerce l'autre qu'avec les limites qui lui sont prescrites ». — *Tom.* 1. *Pag.* 120.

NOTE VINGTIEME. P. 143.

Que de malheurs, que de crimes évités, si les souverains avaient eu pour principe de se prévenir de ce qu'on leur cachait, et de se secourir sans tirer avantage ou de la sécurité de l'un d'entr'eux sur les dangers qui le menacaient, ou de la disposition funeste des esprits, ou du désordre des finances de l'état, ou de l'ambition d'un sujet novateur et rebelle, dont le temps, tôt ou tard, fait justice, quelque habile qu'il soit. Nous les avons vus, au contraire, regarder comme un avantage, la facilité de se nuire.... Quelle politique ! le ciel aujourd'hui la foudroye. Cet art ténébreux de gouverner les hommes, n'acquierra de l'estime et de la perfection, que lorsque tous les cabinets de l'Europe regarderont, comme absurde, comme infame, comme indigne de l'homme toute politique *Machiavelliste*. Nous croirons alors au progrès des lumières dont ce siecle se jacte avec tant d'impudence, lors même qu'il donne au crime la palme de la vertu, et que la terre n'est arrosée que de sang et de pleurs ! N'employant alors que des moyens licites, inspirés par la providence et non par l'enfer, les monarques regneront et les peuples seront heureux; Dieu fait les rois, et le démon les tyrans.

Les puissances doivent reconnaître à présent, que leurs torts, ou plutôt ceux de leurs ministres, envers le roi de France, étaient autant de fautes contre leurs plus chers intérêts. Au lieu d'aider, l'infortuné Louis XVI. à étouffer le *monstre tricolor*, elles le laisserent croitre, elles le laisserent se nourrir de sang humain, sans doute parce que quelque stupide personnage, osait leur faire espérer que son berceau suffirait pour assouvir sa rage; mais la providence, hélas ! a voulu que ce fût la même nation qui les punit de la maniere la plus terrible de l'énormité de leurs fautes. La France ne fut pas plutôt bouleversée, que *l'hydre patriotique* porta ses regards criminels sur tous les autres royaumes

et

et que les souverains entendirent, sans frémir, le serment de haine à la royauté. Leurs ministres, qui se jouaient des calamités de la France, sans craindre un Dieu vengeur, leur disaient, *vos peuples ont plus de solidité, plus de caractère, plus de raison et de vertus que les Français, qui sont légers, inconstans, frivoles..... Leur nouvelle folie est une épidémie locale qui ne passera pas les frontières....*

Comme s'il était si facile d'arrêter les progrès de la *peste du coeur,* comme si l'homme n'était pas le même par tout, et si le peuple était autre chose que ce qu'on le fait ? *Livré à lui-même,* il rentre dans l'état de nature, et alors il dort, ou il mange, ou il tue. Le peuple n'a d'autre caractère que celui qu'on lui donne, et d'autre stabilité que celle des circonstances : Clovis, Charlemagne, Louis XIV. l'ont prouvé à l'Europe; Pierre le grand en Russie, Henri IV. en France, les Brutus à Rome, Mahometh en Turquie, Cromwel en Angleterre, Roberspierre à Paris..... En un mot, toutes les nations en fournissent des exemples plus ou moins mémorables. Ce sont les grands hommes, à qui tout semble soumis, et dont l'influence n'est jamais nulle, qui impriment dans le cœur des peuples le caractere de la passion qui les domine. Le peuple est une machine qu'eux seuls savent mouvoir avec succès pour la vertu ou pour le crime, suivant que l'un ou l'autre sont nécessaires à leurs vastes desseins.

Plus l'ambitieux croit son maître facile et généreux, plus il redouble d'astuce, et plus sa perfidie se cache sous des apparences spécieuses. Il est arrivé trop souvent que les moyens qu'il employait pour affermir et étendre la domination de son souverain, étaient ceux, précisément, qui la sapaient dans ses fondemens, qui devenaient ceux de l'édifice de sa puissance et de sa tyrannie ; que jamais il n'aurait établie, s'il ne se fût joué de tous les partis, et s'il n'eût eu l'art de constituer son pouvoir de leur propre avilissement.

« On se persuade, dit Marmontel, * que la faveur n'est qu'un petit mal dans les petites choses. Mais la liberté de répandre des graces a tant d'attraits, et l'habitude en est si douce, qu'on ne se retient plus après s'y être livré. Le cercle de la faveur s'étend, l'espoir d'y pénétrer donne lieu à l'intrigue ; et la digue une fois rompue, le moyen que l'ame d'un prince résiste au choc des passions et des intérêts de sa cour ? »

Hélas ! qu'un roi est à plaindre, quand ceux qui l'entourent sont, pour ainsi dire, autant de nuages orageux qui lui cachent la vérité !

Qu'eussent fait les plus grands rois, si le sort leur eût donné, comme à Louis XVI. des courtisans et des ministres tels que les siens ? Sans doute leur talent et leur valeur, leur génie et leurs vertus eussent été aussi nulles pour leur gloire que pour les intérêts de leur couronne. Néron même, n'eût jamais été tyran, s'il n'eût été environné que de l'ame de Burrhus ; et Louis

---

* Bélisaire. Chap. x.

XVI. avec un Sully, eût vécu le plus puissant et le plus heureux des rois.

Les fautes de ce royal martyr furent les crimes de ses ennemis, et s'il est aisé de le blâmer, il l'est encore plus de le justifier. On lui reproche d'avoir été faible, et il a toujours été trompé! A-t-il montré de la faiblesse dans sa prison et à sa mort? Son regne est pour tous les rois une grande leçon de gouvernement ; puissent ils la mettre à profit pour leur sûreté et la tranquillité de leurs états!

Une vérité bien singulière, à laquelle je ne puis m'arrêter, sans être aussitôt assailli par les plus tristes réflexions, est que si Louis XVI. avait eu le caractere de Charles I. et Charles I. celui de Louis XVI, ni l'un ni l'autre n'eussent péri sur un échaffaud.

Que les décrets du destin sont terribles, quand le malheur les suggère !

NOTE VINGT-UNIEME. P. 146.

A peine avions-nous vu l'aurore du bonheur,
Qu'il fallut tout quitter pour sauver notre honneur;
Et pour comble de maux, dans ces jours d'infamie,
Il fallut nous armer contre notre patrie !
Depuis lors, poursuivis de climats en climats,
Nous semblons devancer la chûte des Etats. . . . . .
Nous ne trouvons par tout que de l'indifférence,
Et par tout on sourit aux malheurs de la France. . . .
Les uns prêtant l'oreille à leur ambition,
Appellent à grands cris la révolution ;

Et d'autres, secondés par la philosophie,
Du bonheur des humains implacable ennemie,
Corrompent, tour à tour, les petits et les grands,
De Dieu font une fable et des rois des tyrans!

Fragment d'un Poëme sur l'émigration, que les circonstances et les malheurs m'ont empêché de continuer

NOTE VINGT-DEUZIÈME. P. 154.

Clément VI. lui écrivit de gouverner Rome en son nom; mais il ne tarda point à s'en repentir. Peu de temps après, il se vit forcé de publier une bulle contre lui. Il fut arrêté et conduit à Avignon, où il resta en prison jusqu'à la mort de ce pontife. Il ne voulait dépendre en aucune manière du Pape; c'était assez naturel, de la part de Rienzi, qui ne connaissait d'autre Dieu que *lui même*. . . . . . Mais pour tout ecclésiastique, c'est un crime d'apostasie ; et Pétrarque s'en était déjà rendu coupable au fond de son cœur, puisqu'il était l'ami et le conseil du Tribun. N'ajoutons pas d'autre réflexion, car après tout ce que j'ai déjà dit, on pourrait m'appliquer ce mot de Plutarque, *où nous tiens beaucoup de bons propos hors de propos*.

Rienzi se fit armer chevalier par le syndic du peuple, à Saint-Jean de Latran ; et comme cette cérémonie commençait par un bain, il se baigna dans la cuve qu'on croyait avoir servi au baptême de Constantin. Il fit publier une lettre, où il ajoutait à ses autres titres celui de *chevalier candidat du saint-esprit*. Il déclara la ville de Rome la capitale du monde, cita, avec les cinq électeurs, Louis duc de Baviere, et Charles roi de Boheme, se disant élus Empereurs, de venir justifier leur conduite. Il fit mourir sans cause, par la main du bourreau, un Romain respectable par son rang et fort chéri de ses concitoyens. Le peuple indigné par ce nouvel acte d'autorité, courut en armes au palais de Rienzi, qui tenta vainement de se sauver. Il fut reconnu dans sa fuite, percé de coups, mis en pièces et tous ses membres attachés au gibet. Un des Auteurs de l'histoire universelle, remarque avec raison qu'il est un exemple très-frappant des bizarres jeux de la fortune, *et de l'instabilité de tout ce qui prend sa source dans une fermentation populaire.* Telle fut la fin du Notaire Nicolas *Gabrini de Rienzo*, fils d'un meunier et d'une blanchisseuse.

NOTE VINGT-TROIZIEME. P. 159.

Le mot de *Septembriseur* dérive de Septembre, mois dans lequel la république fut décrétée. Il servira désormais pour exprimer la barbarie de tous les crimes réunis dans une seule action. Un Septembriseur est le plus infame des scélérats; il n'est susceptible ni de pitié, ni de remord: l'aspect d'une vertu lui fait éprouver des redoublemens de rage; il ne vit que de sang et ne se plait que dans les massacres. Mais rien n'acheve d'en faire connaître l'étimologie, comme la scène sanglante de l'église des Carmes à Paris, dont à peine j'ai pu esquisser, dans une note, la noirceur et la cruauté.

NOTE VINGT-QUATRIEME. P. 166.

« *La Philosophie sous le masque de la sagesse* ».

Les mêmes personnes qui ont critiqué ce Vers, de *l'Epitre d'un Voyageur en France à son Ami*,

Sous les traits séducteurs du cruel Philantrope.

tiré de cette Strophe de mon Ode à Paul Premier :

Un déluge de sang menace encor l'Europe,
L'ambition, l'impiété, l'orgueil,
(Sous les traits séducteurs du cruel Philantrope,)
N'en feront bientôt plus qu'un immense cercueil.

J'aurais pu dire :

Sous les dehors affreux de l'anti - Philantrope.

Je sais, comme ceux qui ont critiqué ce Vers, quoiqu'il peigne les apôtres barbares d'une mensongère philantropie, que les mots *Philantropie* et *Philosophie*, désigneraient encore en Grece l'ami des hommes chez les uns, et l'amour de la sagesse dans les autres. Mais peut on penser qu'après une révolution qui a étendu sa main destructive jusques sur la valeur des mots, que ceux-ci, particuliérement, ayent conservé parmi nous leur véritable signification ? Non ; puisque de tous les scélérats sacrileges et rigicides, qui ont déshonoré leur patrie et le nom d'homme, il n'en est pas un seul qui ne se soit trempé dans les larmes et dans le sang de leurs frères, aux noms imposteurs de la *Philantropie*, du *Patriotisme* et de la *Philosophie*.

Tout est soumis à l'empire des circonstances ; ce sont elles qui changent et les personnes et les choses, et qui en augmentent ou diminuent le prix. Ce sont encore elles qui donnent naissance à de nouvelles expressions, comme elles seules ont le droit de changer la signification des anciennes.

Si, pendant la révolution, il n'avait pas été défendu en France de pleurer un père, un parent, un ami, l'étranger observateur qui en parcourant nos provinces ravagées aurait demandé aux vieillards, aux femmes, aux enfans, qu'il eût trouvé assis sur des débris sanglans, innondés de leurs pleurs, quels étaient les brigands féroces qui les avaient ainsi réduits au désespoir ? Ils lui eussent tous répondu qu'ils s'appelaient *Patriotes*, ou Philantropes, ou Philosophes. Croit-on que, dans l'excès de leur indignation, ils ne se seraient point écriés : Les cruels !!! Ici, la raison et le sentiment décident contre l'usage et contre tout décret académique et néologique. Ces noms, j'en conviens, étaient naguere sublimes et sacrés, mais aujourd'hui ils ne rappellent encore, que carnage, effroi et irréligion.

Je lis dans nos dictionnaires, que celui qui, par disposition et bonté naturelle, est porté à aimer tous les hommes est un *Philantrope*.

Entre les aimer réellement et n'y être que *porté*, la différence est assez frappante pour être sentie, sans avoir besoin d'être démontrée. Oui, tous les hommes sont portés par la nature à s'aimer les uns les autres. Cependant on les voit se faire la guerre, s'assassiner, soit dans leurs personnes, soit dans leurs réputations. Caïn, me dira-t-on, a tué son frère. Cela ne prouve pas qu'il ne fût point porté à l'aimer ; ce qui prouve qu'il l'était, ce sont les remords qui suivirent son crime. L'amant, dans un excès de jalousie, poignarde sa maîtresse. Croit-on que cette fureur meurtrière soit une preuve qu'il n'était pas porté à l'aimer ?.... Je dis donc, d'après cette définition, que tous les hommes sont des *Philantropes* ; car il est évident, et je le répète, que nous naissons disposés à nous aimer les uns les autres ; mais ce qui le prouve sensiblement, ce sont les tendres et mutuelles caresses que finissent par se faire deux enfans qui ne se sont jamais vus. Ajoutons que si la définition est vraie, que mon raisonnement est juste ; et si l'un et l'autre le sont en effet, on peut même dire, en parlant de l'homme qui expire sur l'échafaud pour avoir massacré son semblable, que celui-là est un *cruel Philantrope* ; parce qu'il n'est pas douteux, du moins pour moi, que le Dieu que nous adorons ne l'eût fait naître avec le penchant à l'aimer.

Mais comment appeler les membres forcénés de la secte infernale qui eut l'audace impudente de s'intituler *les amis des hommes ? De faux Philantropes*, me répond-on. Quoi ! ce n'est qu'un faux Philantrope celui qui, la philantropie sur les lèvres, la rage dans le cœur, la flamme d'une main et le fer de l'autre, incendie les propriétés et abreuve du sang de ses frères notre mère

mère commune ? Non, le mot de cruel, n'est pas encore assez fort ; il renferme bien le sens de *faux*, mais l'épithète de faux ne donne point assez l'idée de cruel. Donc, l'une de ces deux expressions est préférable à l'autre.

Comment le gouvernement pourrait-il lancer un mandat d'arrêt contre celui qui viendrait de s'ensanglanter par un assassinat (comme il l'a fait vis-à-vis de moi qui n'ai jamais commis de crime) si ceux qui ont été les témoins de son forfait, ne lui disaient le nom qu'il portait et la figure qu'il avait ? Je suppose qu'il eût pris celui de *Philantrope*, croit-on que *les enfans infortunés dont il viendrait d'immoler le père*, . . . ne lui prodigueraient pas, dans les transpors de leur desespoir, tous les noms qui peindraient sa cruauté, pour obtenir la justice vengeresse qu'ils reclameraient à grands cris ?

Mais ce n'est point assez pour convaincre ceux avec qui j'ai discuté. Veut-on des autorités ? encore un mot, et en voici.

On dit et on imprime avec raison tous les jours, que la révolution française, était un combat à mort entre la démocratie et la royauté, *la philosophie et le christianisme*. . . . C'est-à-dire, dans le sens de ceux dont je combats l'opinion, que l'amour de la sagesse est l'ennemi déclaré de la religion, source de bienfaits, de vertus, de consolation et de bonheur.

Lisons ce qu'a écrit un fameux philosophe, illustre inconséquent qui, sans s'en douter, se peint lui-même, en voulant peindre les autres. « Quand *les philosophes* seraient en état de découvrir la vérité, qui d'entr'eux prendrait intérêt à elle ? Chacun sait bien que son système n'est pas mieux fondé que celui des autres, mais il le soutient parce qu'il est à lui. Il n'y en a pas un seul qui venant à connaître le vrai et le faux, ne préférât le mensonge qu'il a trouvé à la vérité découverte par un autre. Où est *le philosophe*, qui pour sa gloire ne tromperait pas volontiers le genre humain ? Où est celui qui, dans le secret de son cœur, se propose un autre objet que de se distinguer ? Pourvu qu'il s'élève au dessus du vulgaire, pourvu qu'il efface l'éclat de ses concurrens, que demande-t-il de plus ? L'essentiel est de penser autrement que les autres. Chez les croyans il est Athée, chez les Athées il est croyant ».

(*Emil. Liv. IV. Tom. III. Pag.* 24.)

Je laisserai faire aux autres, les réflexions que je pourrais faire ici moi-même, et je passe à d'autres citations. Je lis dans un ouvrage de nos jours, « qu'il est temps de décider si ceux qui ont tout sacrifié pour cette religion, qui la croyent et qui la pratiquent, ou ceux qui moins conséquens et plus faibles, la croyent sans la pratiquer, sont des esprits crédules, ou si les philosophes qui veulent la détruire, sont les bienfaiteurs de l'humanité. Faut il opposer les noms ? j'opposerai Arnaud à *Bayle*, Pascal à *J. J. Rousseau*, Malbranche à *Boulanger*, Nicole à *Helvetius*, Fénélon à *Diderot*, Bossuet à *Voltaire* ? Faut-il comparer les vertus ? ah !

nous n'en sommes pas encore réduits à cet humiliant parallele. . . . . .Objet de mépris ou de haine, nous endurons depuis un siecle les sarcasmes de la philosophie écrivante, nous essuyons depuis six ans *les fureurs de la philosophie* revêtue de l'autorité. Un plus long silence trahirait la cause de la vérité. . . . . . »

Je renforcerai l'expression de l'auteur de *la Théorie du pouvoir politique et religieux* *, par un passage des *Mémoires pour servir à l'histoire du jacobinisme*.

« Il était donné à Voltaire d'atteindre à la réputation des Bossuet, des Pascal et de tous les génies qui s'étaient distingués dans la défense de la religion; il n'aimait pas leur cause, il jalousa leur gloire; il jalousa celle de leur Dieu même. Résolu de combattre son empire, il voulut être au moins le premier dans celui des philosophes, et il y réussit. Mais il fallut pour lui donner ce rang, *dénaturer l'idée de la philosophie et la confondre avec l'impiété* ».

Un autre écrivain nous dit, dans ses célébres *Considérations sur la France*, (Pag. 89.) « que la philosophie ayant rongé le ciment qui unissait les hommes, il n'y avait plus d'aggrégation morale ». Croit-on que ce soit là l'effet de l'amour de la sagesse ? . . . . . Mais pour en finir, par un exemple plus persuasif encore, nous citerons le plus grand de nos orateurs chrétiens, « Le libertinage, dit Massillon, qui n'était au-

---

* Tome II. Page 5.

trefois en vous qu'un emportement de l'âge et du tempéramment, a dégénéré en une *affreuse philosophie* ».

(*Sermon sur les Communions indignes.*)

NOTE VINGT-CINQUIEME. P. 167.

Nous avons lu, dans l'Enciclopédie, article *Antéchrist*, qu'un grand nombre d'écrivains protestans, eurent la folie de regarder le Pape comme étant l'Antechrist, et Henri IV. comme faisant partie de sa race. Un tel excès d'absurdité fut adopté comme un article de foi dans leur dix-septième synode national, tenu à Gap en 1603.

Si les Protestans, ces grands ennemis du saint-siége, réfléchissaient que la révolution n'a pas plus épargné Genève que Rome, et que ce qui est arrivé peut arriver encore, ils seraient plus portés qu'ils ne le sont, à se rallier au giron de l'église, seul centre de toute morale de conduite et de tout vrai principe de gouvernement. Qu'on ne s'y trompe pas, la *philosophie* respire encore..... Et qui ne sait pas qu'elle n'a d'autre ambition que de plonger l'univers dans les ténèbres de l'erreur et dans la confusion la plus horrible des passions ....? Quoiqu'indigne de figurer dans aucune classe de controversistes, je me suis pourtant permis de discuter avec des Protestans instruits. C'était imprudent, car il y a de la témérité à tout catholique, qui, sans un grand fond d'instruction, s'expose à donner à l'erreur l'apparence d'un triomphe sur la vérité, tandis qu'il ne peut y avoir, dans une telle lute, que l'ignorance de vaincue. Quoi qu'il en soit, pour ce qui me regarde je dirai, avec la bonne foi qui me caractérise, que je n'ai jamais trouvé qu'ils répondissent d'une manière satisfaisante, à la plus simple de mes observations ; qui est, que s'il a été permis à *Luther*, à *Zuingle* et à *Calvin*, dans un instant de mécontement, de haine, de vengeance et d'ambition ; d'interpréter *l'Evangile*, au gré d'un esprit remuant et d'un cœur passionné, il doit l'être aussi à quiconque sait lire et raisonner. Et alors, combien de sectes diverses ne peuvent pas naître le même jour ? L'exemple de l'Angleterre est suffisant pour en prouver l'effrayante possibilité. Elles seraient d'autant plus dangereuses, qu'elles auraient l'ardeur des novices, et que plus elles seraient établies sur un grand nombre de spécieuses erreurs, plus le zèle à les défendre seroit ardent et dangereux. Quelle confusion ! quel désordre tout à coup dans l'état ! d'y penser seulement, l'esprit même en est épouvanté.

On lit, dans les *Mémoire pour servir à l'histoire des égaremens de l'esprit humain*, que du sein de la réforme de Luther, nâquirent en foule des sectes différentes, aussi opposées entr'elles, qu'elles étaient ennemies de l'église romaine : telles furent les Anabaptistes, qui se diviserent en treize ou quatorze sectes ; les Sacramentaires, qui se diviserent en neuf branches ; les Confessionnistes, partagés en vingt-quatre sectes ; les Extravagans (*la plus répandue sans contredit sur la surface de la terre.*) qui avaient des sentimens opposés à la confession d'Ausbourg, et qui se diviserent en six sectes. Toutes remplissaient l'Allemagne, toutes se répandirent dans les pays bas, en Angleterre et en France.

Tandis que le fanatisme portait les dogmes des Réformés dans toute l'Europe, le temps faisait renaitre l'amour de l'étude et le goût des lettres.

En reconnaissant *la liberté ostensible* des opinions religieuses, ne donne t-on pas aux peuples la liberté de changer leur gouvernement au gré de leurs caprices ? Car s'il est permis d'élever à volonté, l'autel du Dieu sauveur, il l'est aussi à plus forte raison, de briser le trône, et de ses débris d'en faire une tribune aux harangues, un fauteuil de président.

Depuis que les Anglais ont abandonné la religion catholique, ils ont donné l'exemple d'un parricide juridique, que les crimes des autres nations ne sauraient effacer. Les hérésies les plus bizarres, les paradoxes les plus extravagans, qui prouvent la misère, l'orgueil et la versatilité de l'esprit humain, ont trouvé des milliers de partisans aveugles chez ces fiers insulaires.

O combien l'Europe doit se trouver à plaindre, d'avoir donné le jour à Luther et à Calvin ! ! ! Ce sont eux, qui même après avoir cessé d'être, éternisèrent les discordes, les haines et la guerre dans son sein.... *Leurs principes* ont mis à deux doigts de leur perte, les rois et les peuples même qui les professent.

Mais puisque les ennemis de la religion catholique, ont résisté à la force invincible de l'esprit de Bossuet, de l'aigle de l'éloquence, qui dans son vol rapide, a conduit leurs regards jusques dans les cieux, sans pouvoir y fixer leur croyance, ni dissiper les ténèbres de leur cœur, tout raisonnement serait sans puissance et inutile; puisqu'après avoir triomphé sur tous les points, le champ de bataille n'en est pas moins resté aux veincus ainsi qu'au vainqueur. Il n'y a donc plus qu'à recourir aux armes du ridicule, qui sont infinies, et dont l'effet serait peut-être certain, si elles étaient maniées long-temps avec discernement. . . . .

Je conçois qu'une Comédie intitulée *les Sectes*, pourrait produire un grand effet, si l'auteur des *Précieuses ridicules* et du *Tartufe* avait laissé sa plume et ses pinceaux. Si de cet autre *Alcide*, j'étais comme *Philoctete* dépositaire de ses armes invincibles, dès demain j'arborerais le masque de Thalie, j'entrerais dans l'arene, et j'y triompherais de toutes les difficultés que j'entrevois dans le plan d'une telle piece.

Pour justifier ce que j'ai avancé au commencement de cette note, relativement à la *philosophie*, j'ajouterai que Frederic, créateur, gloire et force du royaume de Prusse, disait dans ses dernieres années, prévoyant sans doute, ce que ses fautes et ses principes préparaient de malheurs aux peuples de l'Europe et aux siens particulierement, *je voudrais qu'il m'en eût coûté la plus belle de mes victoires, et laisser la religion dans l'état où je l'ai trouvée en montant sur le trône.*

Ici, je citerai encore Bossuet, qu'on ne saurait trop relire, ni citer : « Que peuvent, dit-il, sur les consciences des décrets de religion, qui tirent toute leur force de l'autorité royale, à qui Dieu n'a rien commis de semblable, et qui n'ont rien que de politique? Encore que Henri VIII. les soutint par des supplices innombrables, et qu'il fit mourir cruellement non-seulement les catholiques, qui détestaient la suprématie, mais même les Lutheriens et les Zuingliens, qui attaquaient aussi les articles de sa foi : toutes sortes d'erreurs se glissèrent insensiblement dans l'Angleterre, et les peuples ne surent plus à quoi s'en tenir, quand ils virent qu'on avait méprisé la chaire de Saint-Pierre ».

Le témoignage du roi de Prusse, n'ayant rien de suspect, est capable de faire une grande impression, surtout dans les circonstances présentes. Mais peut-on parler de Frederic sans penser à Voltaire ? de qui Rivarol a dit, dans une épître d'adulation :

Et l'on dira toujours Frederic et Voltaire,
Comme on unit encore Achile avec Homere.

Etait-ce en prophète ou en poëte, que, sur les ailes du génie, notre Homere s'élançait dans l'avenir, quand sa plume épique s'honorait de prédire, en parlant des Protestans :

« Qu'un culte si nouveau ne peut durer toujours.
Des caprices de l'homme il a tiré son être ;
On le verra périr ainsi qu'on l'a vu naître :
Les œuvres des humains sont fragiles comme eux.
Dieu dissipe à son gré leurs desseins factieux ;
Lui seul est toujours stable ; et tandis que la terre
Voit des sectes sans nombre une implacable guerre,
La vérité repose aux pieds de l'éternel ».

Encore

encore deux mots et je mettrai fin à une note que je n'écris qu'avec peine, car dans la secte dont je parle, je connais des personnes dignes de la plus parfaite estime.

Les protestans, dans leurs critiques les plus journalières, s'attachent, même, à des choses insignifiantes pour ainsi dire ; mais passons celles là sous silence. Ils trouvent par exemple, indigne de la divinité, les ornemens des Eglises et la pompe de leurs cérémonies. . . . . . Sans nous arrêter à leur faire observer que *l'intention*, inséparable, à leurs yeux comme aux notres, du souvenir de l'être suprême, du tout puissant Jéhovah, qui en est le mobile et l'objet, devrait leur interdire, non-seulement, toute espece de réflexion et de propos, mais même les contraindre dans le respect, quand le Dieu sauveur, sous le voile du mystere, passe devant eux un jour de fête ou un jour de deuil, je me bornerai à citer l'infortuné GUSTAVE, qui témoin de la maniere dont PIE VI. célébrait les religieuses solemnités de la semaine sainte, dit tout haut : « *que les Protestans avaient tort de critiquer la pompe des cérémonies, que puisque la religion était nécessaire, on faisait bien de l'entourer de tout ce qui pouvait la rendre auguste et imposante* ». Aussi les catholiques de la Suede, jouissaient de sa protection particulière. Il dit au Cardinal Antonelli : « *Si Dieu prolonge ma santé et mes jours, j'espere faire encore plus que je n'ai fait jusques ici, en leur faveur* ». Mais hélas ! il mourut, et il mourut assassiné !!! Ici mon cœur, vraiment français, s'empare de mon imagination, et tout à coup, comme malgré moi, je me trouve transporté dans le nord de l'Allemagne, où je crois voir l'auguste Madame Royale, la digne fille du plus vertueux des rois, l'ange tutélaire de la maison de Saint-Louis, baigner de ses pleurs la tombe ensanglantée de ce héros; je crois l'entendre s'écrier : O Gustave! ton image chérie sera éternellement empreinte dans mon cœur ! La devise gravée sur ton épée : POUR SECOURIR LES MALHEUREUX ! dont ma mère fit hommage à ta valeur, qui eût dit qu'un jour elle nous serait applicable ?.... Elle remplissait notre prison d'espérance et le cœur des ennemis d'effroi. Ce sont les modernes *Brutus*, ces parricides exécrables, qui ont privé la Suède, à la fleur de tes ans, d'un grand roi, et l'univers d'un grand homme !......

Si le trait suivant est vrai, comme je n'en saurais douter, il devrait suggérer aux Protestans les plus profondes réflexions; puisqu'il est prouvé que ce n'est point la vertu qui a donné naissance à leur culte :

Dans l'histoire des variations (Liv. v.) on lit que Bucer écrivait à Calvin, « Dieu a puni l'injure faite à son nom par notre si longue et pernicieuse hypocrisie... »

NOTE VINGT-SIXIEME. P. 465.

Il ne devrait y avoir dans chaque royaume, que trois hôtels d'imprimerie; dans lesquels résideraient des censeurs, qui seraient chargés spécialement de la surveillance de tous les attelliers dont chaque hôtel serait composé. Ces censeurs seraient divisés en trois classes : la première serait composée de Prêtres. On n'admettrait dans la seconde que des nobles et des vieux militaires; et dans la troisième que des hommes de loi : tous chargés d'examiner scrupuleusement, si dans les ouvrages présentés à la censure, il n'y a rien qui puisse blesser la religion, porter atteinte aux bonnes mœurs, et si le gouvernement ou la constitution de l'état n'y sont point attaqués. Et sans l'approbation unanime de ces trois comités, il faudrait que les honneurs de l'impression fussent refusés à tout ouvrage quelconque.

Nous l'avons déjà dit, mais on ne saurait trop le répéter; il est de l'intérêt des rois, et sur-tout de celui des peuples, qu'on rende impossible l'impression des ouvrages, tels que ceux qui ont causé et qui peuvent causer encore tant de maux!.... Un petit livre peut être un grand mal; aussi nous restons convaincus avec Horace, que ce n'est que du bon sens que les ouvrages d'esprit tirent tout leur prix.

On a vu brûler, en France, par les philosophistes les livres religieux, que, sous peine de mort, ils bannirent des écoles publiques. Après de tels exemples, les vrais amis des hommes et des lois, ne s'empresseraient point, animés par la sainteté de leurs motifs, de faire l'opposé de ce que firent ces barbares ennemis de la société?... Dieu veuille que le passé ne soit pas seulement pour l'histoire! Dieu veuille qu'il soit toujours présent à notre esprit!..... Je ne dis pas à nos cœurs; la vengeance est un crime, mais la prévoyance et la raison, sont les deux facultés de l'ame qui caracterisent le plus l'origine de l'homme.

C'est vous, livres impies, disaient les Français, surchargés de crêpes funèbres, qui avez porté la misere dans nos ames, qui en nous égarant sur les traces des Cromwels, nous promettiez une félicité parfaite, et pourtant, vous nous avez tout ravi, notre grand Dieu, notre bonheur, nos mœurs, nos lois, nos consciences et nos enfans. C'est vous, qui nous apprîtes à ne désirer la liberté que pour faire le mal sans contrainte et impunément; l'égalité, que pour satisfaire l'amour-propre et l'orgueil, aussi insensés l'un que l'autre. Si le ciel ne prend pitié de nous, s'écriaient-ils en versant des torrens de larmes, qu'allons-nous devenir? Ne valait-il pas mieux qu'on n'eût jamais su lire? Les mauvais livres engendrent tous les maux, et serait-il possible, comme l'a dit un novateur impie, *que les rois n'eussent regné que depuis qu'on a su lire?*

Si ma faible voix pouvait s'élever jusqu'à ces augustes et *puissans esclaves*, je leur dirais, de parcourir souvent leurs provinces, de regner par eux-mêmes, et de craindre toujours que la gangrene du philosophisme ne gagne leurs ministres, et tous ceux qui les entourent..... Je leur dirais, de veiller sur leurs états, comme la sentinelle de la nuit sur la cité, qui du haut d'un beffroi, semble être par sa vigilance le garant du repos. Je leur dirais, qu'il est urgent que l'éducation soit *réfléchie*, et qu'elle ne soit plus le résultat du *hazard*..., ou de la *démence*.... Que chaque sexe doit être élevé l'un pour l'autre ; de manière que de ce double rapport, de ce but réciproque, la société en éprouve les plus heureux effets. Je leur dirais, de préserver la religion des mortelles atteintes que ses ennemis s'efforcent de porter à sa puissance et à sa gloire, et de les traiter comme des assassins de l'ame méritent de l'être. Si un souverain n'en avait ni le droit, ni le pouvoir, *il serait plus nuisible qu'utile.*

Le monarque le plus religieusement obéi, est le plus puissant. La religion et la souveraineté sont deux sœurs, dont le degré de vie et de force est absolument subordonné au thermomètre de leur accord. La religion rend le devoir facile ; elle seule a des chaînes infinies contre les passions ; elle seule maintient les vertus innées dans tout leur éclat, et devient l'existence de celles d'une bonne éducation. En un mot, elle perfectionne celles qu'on possède, en fait acquérir de nouvelles, et du plus faible en fait le plus fort ; car son pouvoir n'a d'autres bornes que le crime, et d'autre fin que celle de l'éternité qui n'en a point.

Pour ceux qui ont le malheur de ne pas croire, mais qui pourtant reconnaissent le besoin absolu *d'une* religion (car c'est ainsi qu'on s'exprime aujourd'hui) la scène politique leur fait un devoir d'une *hypocrisie estimable*, comme l'honneur un principe de la persévérance. Mais ceux à qui toute espèce de foi n'a pas été refusée, et qui pourtant, parlent, écrivent et agissent, comme s'ils étaient les antagonistes de l'évangile, sont les plus inconséquens, les plus coupables de tous les hommes ; tels qu'un Rousseau, qui provoquait l'indignation publique et la sévérité des lois, en s'éforçant d'éteindre avec l'encre de sa plume, le flambeau de la foi ; flambeau plus nécessaire à l'ame que les rayons même du soleil ne le sont aux yeux du corps. Mais lorsque des personnes en place, au mépris de toutes les considérations sociales, négligent de donner les exemples prescrits par la religion et la raison d'état, qui loin de là se font un jeu du scandale, et affectent l'indifférence la plus coupable, que n'a-t-on pas à redouter pour le sort futur de la société ?

NOTE VINGT-SEPTIEME, P. 209.

De pareilles restitutions ne sont pas communes, quoique l'équité les ordonne et que le malheur les réclame.

NOTE VINGT-HUITIEME. P. 209.

On lit sur un des pilliers de l'église d'Arcqua, au pied duquel est le tombeau de Pétrarque, un distique latin dont voici le sens :

J'ai trouvé le repos, exempt d'illusion,
Je ris de la fortune et de l'ambition.

Fin des Notes.

TABLE
INDICATIVE

Voyage à la Fontaine de Vaucluse. . . . Page 3.
Retour à Avignon. . . . . 29.
Notes du Voyage à Vaucluse. . . . . 41.
Essai sur Pétrarque. . . . . 3.
Avertissement. . . . . 5.
De Pétrarque comme amant. . . . . . 9.
Comme Poéte. . . . . 51.
Comme Politique. . . . . 90.
Et comme Philosophe. . . . . . . 156.
Notes de l'Essai sur Pétrarque. . . 211.

ERRATA.

Page 15. Ligne 18. supprimez *s'écria-t-il*.
Page 18. Lisez Carinthie et non *Carintide*.
Page 51. à la fin des dernières lignes de la note, lisez : par la disposition — pour *y établir*.
Page 75. au quinzième vers, lisez *reviendrait*.
Page 83. au second alinéa, lisez *siecle*.
Page 176. au lieu 890, Ligne onzieme, lisez *éducation*.
Page 195. Ligne 4, supprimez l'*et*, dans cette phrase, *et à plus forte raison*.
Page 220. onzieme vers, lisez *oublions*.

www.ingramcontent.com/pod-product-compliance
Lightning Source LLC
Chambersburg PA
CBHW070622160426
43194CB00009B/1344